"S*ktir Et. Bu kelimeleri sč
deler hep. Doğal dünya'
"s*ktir et" deme ihtiyacı hissediyoruz, böylece kendimizi hayatın akışına bırakıyoruz." ***THE OBSERVER***

"John, Wayne Hemingway'in üslubuyla Eddie Izzard'ın sürrealizmini birleştirmiş." ***THE GUARDIAN***

"Bu sene kendinizde S*ktir Et deme cesaretinizi toplayın. Ben topladım ve dedim. Daha sonra rahatladım, boş verdim, gerçeği söyledim, beni ne mutlu ediyorsa onu yaptım ve herkesi olduğu gibi kabul ettim... Kendimi hiç kötü hissetmedim, aksine çok eğlendim." ***RED MAGAZINE***

"Doğunun boş verme fikrine Batının bakışı... Stresin pençesindeyken S*ktir Et dedim ve gerçek özgürlüğü tattım."
THE LONDON PAPER

"Yardımı dokunacak, harika bir kitap." ***NOW MAGAZINE***

"Bir şeyler sizi rahatsız mı ediyor? Bu adamın yazdığı S*ktir Et tedavisi bize nasıl boş verileceğini öğretiyor." ***METRO***

"Herkes S*ktir Et ile kendisi arasında bağlantı kurabilir."
THE TIMES

"Ferahlatıcı eğlenceli ve ilham verici, "S*ktir Et" deyin ve bu kitabı alın." ***SCARLET MAGAZINE***

John C. Parkin, İngiltere Kralı VIII. Henry'nin kurduğu bir Hristiyan mezhebi olan Anglikanizm mensubu bir ailenin çocuğudur. Doğu ilmi öğrenimi görmüştür ve yirmi yıldır bu konu üzerinde çalışmaktadır. İtalya'da The Hill That Breathes (Nefes Alan Tepe) adlı oryantal felsefe merkezi kurmuş, burada düzenli olarak S*ktir Et dersleri vermektedir. Kendi popüler web sitesi olan **ww.thefuckitway.com**'da düzenli olarak internet günlüğü yazmaktadır.

ARUNAS YAYINCILIK - 28
KİŞİSEL GELİŞİM

John C. Parkin

s*ktir et

İNGİLİZCE ASLINDAN ÇEVİREN:
FİGEN KILAVUZ

arunas
YAYINCILIK

S*KTİR ET
JOHN C. PARKIN

YAYIN YÖNETMENİ : ERCAN PORTAKAL
EDİTÖRLER : AYŞEGÜL ŞAHİN
GÖKHAN FIRAT
ORİJİNAL ADI : F**K IT
ÇEVİREN : FİGEN KILAVUZ
KAPAK - DİZGİ - GRAFİK : ARUNAS MUTFAK
REDAKSİYON : GÖZDE SARIOĞLU
BASKI : KAYHAN MATBAACILIK
Davutpaşa Cd. Güven San.Sit.
C Blok 244 Topkapı / İstanbul
ISBN : 978-605-4429-32-5
YAYIN EVİ SERTİFİKA NO : 15870

arunas YAYINCILIK

ARUNAS YAYINCILIK
Bir Kirpi Yayıncılık San.Tic.Ltd.Şti. Markasıdır.

İnönü Mh. Prof.Muammer Aksoy Cd. No:102
Sefaköy - Küçükçekmece / İstanbul
Tel.: 0212 471 66 30 - Fax.: 0212 471 57 30
www.arunas.tc - info@arunas.tc

Bu kitabın yazarı size doktor tavsiyesi sunmaz, doğrudan ya da dolaylı şekilde doktor tavsiyesi olmadan sorunlarınızın tedavisi için hiçbir yöntem tavsiye etmez. Yazarın amacı duygusal ve ruhani sağlık arayışınızda size yardım edecek genel tabiatın bilgilerini sunmaktır. Yasal hakkınız olarak, kitaptaki herhangi bir bilgiyi kendinize uyguladığınızda ne yazar ne de yayınevi eylemleriniz için hiçbir sorumluluk kabul etmez.

Canım oğullarım ve dünya üzerindeki "Siktir Et" modellerim
Leone ve Arco'ya

(Çocuklar, sakın bu sözü kullanmaya kalkmayın.)

Teşekkürler

Bu kitabı yazmamda katkısı olan herkese teşekkür etmek istiyorum. Eğer birinin ismini yazmayı unutmuşsam; a) zayıf hafızamdandır, b) o kişinin sandığı kadar büyük katkısı olmadığındandır.

Öncelikle, güzel karım Gaia'ya çok teşekkür ederim. Üç yıl önce Nefes alan Tepe'deki Siktir Et haftalarında beraber ders verdik ve bu kitapta yazan şeylerin çoğu o haftalardan ve günlük hayatımızdan keşfettiklerimizdir. Teşekkürler, Gaia, her şey için.

İşte öteki teşekkür etmek istediğim insanların listesi. (İsimler alfabetik olarak dizilmiştir.) Bana doğrudan ya da dolaylı olarak kattığınız her şey için teşekkür ederim:

Peter Baynham, Richard Bird, Richard Bolton, Alison Bowditch, Antoine Bowes, Dan Brule, Anthea Bull, Axel Chaldecott, Bob Coleman, Simon Confino, Dad, Barefoot Doctor, Lucy Greeves, Karl Grunick, Bisong Guo, John Hegarty, Steve Henry, Rupert Howell, Robin Jones, Jont, Armando Iannucci, Jen Lincoln, Patrick Lucocq, Adam Lury, Mum, Tony Parsons, Murray Partridge, Ian Priest, Rach, Julian Roskams, Saul, Mark Seabright, James Spence, Alex Wipperfurth, Georgie Wolfinden.

Önsöz

Siktir et, aklıma ne gelirse sadece onu yazacağım. Kitaba hak ettiği en olası Önsöz'ü, özene bezene yazmak istiyordum ama daha sonra birden durdum ve ne yaptığımı anladım: Saygısız bir o kadar da cesur bir başlığı olan *Siktir Et* kitabına bir Önsöz. Ee peki bu başlık neden kasıtlı?

Özgürlüğe giden yol, dünyanın her yerinde aynı ve özünde çok basittir. Kendi yolunuzu çizerken, hayata, kim olduğunuza ve kim olmanız gerektiğine dair kendinize anlattığınız bütün hikâyelerden vazgeçmek ister, sonra birdenbire kendinizi kutsal, çok güçlü, durdurulamaz ve muhteşem hissedersiniz.

Bu sadece bir kez hissedilen bir istekle değil, sürekli rahatlama ve boş verme isteğiyle olur, çünkü aklınızın bu hikâyelere bağımlı olan ve kendini bu hikâyelerle tanımlayan bir parçası kurnaz bir tilkidir ve alışkanlığı için durmadan savaşacaktır.

Boş verme aklınıza verdiğiniz bir emri gerektirir, bu emirle aklınız tanımlama yapar ve kendiliğinden gelen özgürlük hissini ortaya çıkarır.

Yaşadığınız her isyanda, dünyanın bütün büyük kurtarıcılarıyla, genel eğilimin tersinde olan her başına buyrukla küfürlü ve anlamlı sözlerin dile getirildiği anlarda, "Siktir Et" emrinden başka daha ne iyi olabilir ki? Özgürsünüz ve şüphesiz kendi özgürlüğünüzde muhteşemsiniz.

John ve ben iki kafadarız, ondan ve onun harikulade *Siktir Et* kitabından olağanüstü etkilendim. Bu kitabın insanlığa çok büyük katkısı olacağına inanıyorum.

Yalınayak Doktor

Ön Sevişme

Deneme 1: *Şimdi Herhangi Bir Şeye Siktir Et Deyin.*

Siktir Et dediğiniz zaman genelde size acı veren bir şeyi, bir bağınızı salıverirsiniz.

Siktir Et dediğiniz zaman, hayatın akışına kendinizi bırakırsınız, yapmak istemediğinizi yapmaktan vazgeçer, hep yapmak istediğinizi en son yaparsınız. Başkalarını dinlemeyi bırakır kendinize kulak verirsiniz.

Siktir Et dediğiniz zaman, aslında temel olan ruhani bir eylemi gerçekleştirirsiniz, çünkü direnmekten vazgeçer, işi oluruna bırakır, pes edersiniz ve Tao, Tanrı vb. olarak da bilinen hayatın doğal akışına kendinizi bırakarak rahatlarsınız.

Siktir Et dediğiniz zaman, genellikle üzülmeyi bırakır, daha çok istemekten vazgeçer ve şanslıysanız şu anda kendiniz olduğunuz için mutlu olursunuz.

Bu Siktir Et ilim havuzuna kol kola atlamadan önce, kendi kendinize bir deneyin bakalım. Haydi bir şeye Siktir Et deyin. Küçük bir şeye de olur. Mesela buzdolabına bir bakıp elmalı turtayı silip süpürebilirsiniz ya da büyük bir şey olarak bir arkadaşınızın çiftliğine eşinizle beraber dolaşmaya çıkabilirsiniz.

Haydi, bir şeye, herhangi bir şeye Siktir et deyip özgürlüğü hissedin ve içinizdekileri serbest bırakın. Bu hissi 10'un gücüyle çarpın ve çoğu zaman böyle hissettiğinizi düşünün, böylece neyin içine girdiğiniz hakkında bir fikriniz olacak.

Atlamadan önce son şey, haydi, hep beraber BAĞIRALIM...

Siiiikkkktttttiiiiirrrrr Eeeeeeettttttt!

Yazardan Mesajınız Var

Tabii ki kitabın hepsi yazardan size bir mesajdır. Fakat bu, yazarın sizi karşılaması ve mesajın uygun bir şekilde erişimine hazırlanması için önden bir bisiklet gönderen mesaj konvoyudur.

Bisikletteki adam başlığını çıkarıp gülmeye başlar. Kendini toparlar toparlamaz size neden güldüğünü anlatır.

Bu mesaj size genellikle neşeli bir şekilde ulaşır. Bazı şeyleri bu şekilde yutmak ve hazmetmek çoğunlukla daha kolaydır, her neyse. 1960'ların ünlü büyücü gurusu Mary Poppins'in dediğine göre bir kaşık şeker, aldığınız ilacı hazmetmeye yardımcı olurmuş. Özellikle sizin yutacağınız bir kaşık şeker/ilaç, size istediğiniz tadı verdiğinde daha çok işe yararmış. Michael için bu tat çilek ve Mary Poppins için harika bir kokteyl tadıdır.

Haydi, kendi tadınızı seçin ve ben de size yardımcı olmaya çalışayım.

Anlatmak istediğim, mesajın tamamının ciddiyetle ilgisinin olmadığıdır. Yani ilacın kendisi, tabii ki seçiminizin tadının katkı maddesini belirten E numarasıyla beraber %100 şekerdir.

Hayat bizim için önemli şeylerden ibarettir. Değer sistemimiz adeta bizim için önemli olanları seçtiklerimizden ya da koşullanma ile elde ettiklerimizden oluşur ve değer verdiklerimiz ciddi anlamda önem verdiklerimizdir.

Siktir Et dediğimiz zaman, ki bunu genellikle önemli olan şeyler yolunda gitmediğinde söyleriz, bizim için önemli olan şeylerin aslında hiç de önemi olmadığını anlarız. Yani, başımıza gelen bir olay ne kadar olursa olsun, çok ciddiye aldığımız bu olayı artık ciddiye almaktan vazgeçeriz. Önemli olanlar ciddiyet gerektirir. Önemli olmayanlar ise hafifliğin ve kahkahanın ana vatanıdır.

Beyniniz şimdi ayakkabı kutusundaki çürümüş et kokusundan başı dönmüş bir sinek gibi vızıldıyor olabilir. Çünkü bir şeylerin önemi olmadığı ihtimali kafanızı karıştırabilir. Ama birçoğumuz, önem verdiğimiz şeylerin aslında o kadar da önemli olmadığını öğrendiğimizde karşı konulamaz özgürlük kokusu alır.

Siktir Et Demek Neden Ruhani bir Eylemdir?

Bizim için çok önemli şeylere Siktir Et dediğimizde, bizler ruhani bir eylemi gerçekleştirmiş oluyoruz. Siktir Et, Doğu'nun boş verme, vazgeçme ve bizi tutan şeylerden kurtulup rahatlama gibi ruhani fikirlerinin mükemmel bir Batı ifadesidir.

Tabii ki "ruhani"'nin ne demek olduğu hakkında tartışabiliriz (hmm, bu ifadeyi siz de sevdiniz, değil mi?). Ruhani, genel anlamda maddi olmayan şeklinde tanımlanır: Şekli ya da biçimi olmayan olarak. Fakat bu benim için yeterli bir tanım değil. Ben maddi ve günlük birçok şeyde "ruhani" duygular hissedebiliyorum. Bu yüzden gerçek tanımı hakkında çok da kafa yormayalım, "ruhani" dediğimizde ne kastedildiğini anladığımızı söylemek yeterli. Deneyimlerimden de edindiklerime göre, derinlemesine rahatladığımızda ve boş verdiğimizde, kendimizi de ruhaniyete açıyoruz.

Herhangi bir şeye Siktir Et dediğinizde, gerginlikten ve bizi tutan bağlardan uzaklaşarak rahata ve özgürlüğe kavuşuyorsunuz. Bütün felsefeler, dinler ve ruhani öğretiler aynı vaatte bulunuyorlar: Özgürlük! Sorun şu ki bu yerine getirilmesi çok zor bir vaat.

Gerçekten, bu vaadi yerine getirebilecek herhangi bir felsefe, felsefelerin temeli olurdu. İşte Siktir Et felsefesine hoş geldiniz. Batı'da birçoğumuzun sorunu aşırı stresli, gergin, endişeli ve denetleyici olmamızdır. İşte tam da bu yüzden bizim Siktir Et gibi bizi rahatlatacak ifadelere ihtiyacımız var.

Ayrıca S*ktir Et'in aşağıdakilerden hiçbirini içermeyen ek bir avantajı da vardır:

- Yalvarmak
- Şarkı söylemek
- Düşünmek
- Sandalet giymek
- Akustik gitarla şarkı söylemek
- Senin haklı, ötekilerin haksız olduğuna kanaat getirmek
- İnsanları öldürmek
- Fasulye yemek
- Turuncu giymek

- Yapmak istediğin şeyleri yaparken kendini durdurmak
- Kurallar
- Mutlu değilken mutluymuş gibi davranmak
- Gerçekten istemesen de Âmin demek.

Amin.

Siktir Et Neden Bu Kadar Çarpıcı?

Çünkü "Siktir" kelimesini içeriyor.

Böyle bir kitap sırf "Siktir" kelimesini içerdiği için tartışmalı olabilir. Komik, gerçekten. Çünkü öncelikle belirtmeliyim ki kelimenin kendisini kullanmak değil de kelimenin arkasındaki felsefe aslında anarşik bir şeydir. Fakat esas sebebi bir kelimenin gücünü yitirmesinin uzun zaman almasıdır.

"Siktir" kelimesi gerçekten güzel bir kelimedir.

Güzeldir çünkü sevişmenin argosudur. Anlamı her yere yayıldığı için "Siktir" kelimesi başlı başına eğlencenin sebebidir. "Siktir git" "Seviş ve git" anlamına gelir ve aslında bir küfür değil, daha çok bir tavsiyedir. "Hay, sikeyim" de aslında "Seninle sevişmek istiyorum" anlamındadır, kesinlikle bir küfür değil, daha çok bir davettir.

"Ah, siktir!" de "Ah, sevişmenin böylesi" anlamındadır, kızgınlık anında söylenilir ve üzerinde düşünülecek kötü bir şey değildir.

Bu kelimenin, tek başına, insanları şok edecek gücü vardır.

Çok nadir kullanıldığı, birçok çevrede neredeyse hiç duyulmadığı zamanlarda bile bu kelimeyi az çok anlayabilirsiniz. Fakat 1980'ler ve 1990'larda, bu kelime dile sızdı ve karıştı. Sınıfa, ırka, yaşa, boşlukları dolduran kelime seçimi olarak geçti. Genleşebilirliği harika, öyle ki konuşmanın her bölümünde, sıfat, zamir, isim ve fiil olarak kullanılabilir.

"Siktir" bazı insanlar için cümlelerinde çekinmeden kullandıkları sıradan bir kelime haline gelmiştir. Dikkat çeken durum ise bu virüse benzer yayılma yetisiyle bile kelimenin gücünü muhafaza etmesidir.

Tabii ki 20 yıl öncesinde kitabın ön kapağına koymanın mümkün olmadığı bu kelimeyi şimdi koymak mümkün hale geldi.

Çünkü Siktir Et tamamen anarşiyle alakalı.

Siktir Et demek dünyanın anlamına, geleneğine, otoritesine, sistemine, düzenine ve tekbiçimliliğine çomak sokmak gibidir. Bu da anarşidir. Anarşinin sözlük anlamı "yönetenin olmadığı" dır. Anarşistler yönetenin ve liderlerin olmadığı bir devleti öngörürler. Fakat "anarşi"'nin geniş anlamı genel bir standardın, amacın ya da anlamın var olmadığıdır.

Bu da Siktir Et'in anarşiktik kalbinin anahtarıdır. Hayatta her şey bizim durmak bilmeyen anlam peşinde koşmamızı ve sayısız anlam biriktirmemizi destekler. Anlamlar canımızı acıtsa da çevremizdeki her şey anlam biriktirme sürecini destekler.

Hep beraber uyum içinde yaşamak için standartlar, amaçlar ve anlamlar üzerinde hemfikir olmaya çalışırız.

Bu yüzden bu ortak anlamları ve anlamsal evrenlerimizin tabularını tehdit edecek herhangi bir şey büyük bir tehlikedir. Anarşizm, anlamın ve amacın fiili yokluğu, bu düzen için en büyük tehdittir.

Anarşizm'in daha dar siyasi yan anlamı olan "devleti düşürme", gerçek anlamı "genel anlam anlayışını ve amacı düşürme"nin yıkıcı gücüyle karşılaştırıldığında hiçbir şeydir. Anarşizm bu bağlamda insanoğlunun düşünebildiği en yıkıcı, en radikal felsefedir.

Siktir Et dediğinizde, gittiğiniz yer bellidir. Herkesin canlı gün ışığını korkutup kaçıran bir felsefeden yararlanıyorsunuz.

Bu yüzden Siktir Et iki tür tartışmaya yol açar: "Siktir" kelimesi etkileyici ve kırıcıdır ve bu ifade saf anarşinin felsefesinden yararlanır.

Korkmanızdan, okumayı bırakmanızdan ve "Anarşiyle ilgilenmiyorum," diye düşünmenizden önce, işte size "anarşi" kelimesinin etimolojisinde saklanmış ilginç bir felsefi dipnot: *Anarchos* Yunanca bir kelimedir ve Tanrıya atfedilmiş bir tanımdır, "sebebi olmayan" ve "başlangıcı olmayan" ilahi olarak düşünülmüştür.

Şu an insanlarla dolu bütün stadyumların, Latince biliyorsanız *stadia'nın*, ayağa kalkıp alkışlaması, tezahürat yapması gereken muhteşem bir andır. Burada oturmuş Temel Ruhani yol olan Siktir Et'i yazıyorum ve Siktir Et'in özünde gerçek anarşizm olduğunu savunuyorum. Tanrının, şüphesiz TANRI yazmalıyım, *Anarchos* olarak adlandırıldığını keşfettim.

İsa'nın Kutsal Annesine ve tabii ki Tanrıya sesleniyorum: Bu sevindirici bir haber. Herkes, benim, Tanrının Temel Felsefesi sunumunu yaparken beni yönlendiren bir Tanrının olduğunu düşünüyordu. Ama hey, Tanrım, kusura bakma, Senin söylediklerinin hepsi herkesin paylaştığı ortak anlamlarla dolu ve biz bu anlamlara da anarşik olarak Siktir Et demek zorundayız.

Kusura bakma, Tanrım.

Bu Kitap Nasıl Okunmalı?

Eğer sürekli ünlü dergileri okuyup bir şeye sondan başa doğru göz atmaya alışık insanlardan değilseniz, Batı'da birçoğunuz bu kitabı baştan sona doğru okuma eğilimi gösterecektir. Fakat bu eğilim size kitabın sonu için yardımcı olmayacaktır ki kitabın sonu zaten kapakta yazıyor: Siktir Et, hayatta hiçbir şey senden önemli değil!

Eğer çok da anlamlı olmamasına rağmen kitapları doğal olarak sonundan okumayı deneyenlerdenseniz, en iyisi siz kitabın sizin için çevrilmesini bekleyin. Zaten ben de özellikle "O'nunla Seviş: Cansız Nesnelerle Sevişerek Tanrıyı Bulun" başlığı için yapılacak birçok yanlış çeviriyi görmek için can atıyorum.

İşte, Batı'dan Doğu'dan fark etmez, herkese bu kitabı okumanın harika bir başka yolu: Kitabı rastgele açın, karıştırın ve içinde nelerin olduğuna bir bakın. Sanki tarot kartlarını açmak gibi. Kim bilir belki işe yarar. Aslında şöyle bir baktım da yarar gibi görünüyor. Haydi, dediklerimi doğrulamak için bir deneyin ve kendinizi şaşırtın. Önce kitabı kapatın, derin bir nefes alın ve şu anda ihtiyacınız olan şeyi bulmaya odaklanın. Daha sonra kitabı rastgele açın. Haydi bakalım, bir deneyin. Bu, kitabı okumanın harika bir yoludur. Bu söylediklerimi devamlı yapar ve her defasında aynı sayfayı seçerseniz söylediklerim hâlâ işe yarıyor demektir. Yani sürekli aynı sayfayı seçmeniz, benim size hayatınızın o alanına yoğunlaşmanız gerektiğini söylemem anlamına geliyordur.

Bu kitabı okumanın bir diğer yolu da kitabı bölüm bölüm okuduktan sonra insanlara gidip okurken ne kadar zevk aldığınızı ve okuduktan sonra hayatınızın nasıl değiştiğini söylemektir. Böylelikle hem kelimeyi yayma şansı bulan kendinize, hem bu mesajdan faydalanan başkalarına, hem de bu kitaptan kazandıklarıyla çikolatadan ev yaptırıp, o evi yavaş yavaş yiyip, daha sonra da sigorta şirketini arayıp onlara bunu karıncaların yaptığını söyleyip paramı aldıktan sonra da evi tekrardan yapacak olan bana faydanız dokunur.

1. Bölüm

Neden Siktir Et Deriz?

Yapmak İstemediğimiz Bir Şeyi Yapmaktan Vazgeçtiğimizde Siktir Et Deriz.

Her hafta evinizin, dairenizin ya da filikanızın camlarını silersiniz. Bunu hem dini gereklilik olarak hem de vicdanınız rahatlasın diye yaparsınız. Fakat, artık bu işi yapmaktan sıkıldınız. Camları zaten sırf annenizin 'Aslan yattığı yerden belli olur,' cümlesi yüzünden siliyorsunuz. Anneniz, kirli pencereleri olanlar pasaklı insanlardır diye düşünüyor.

Ama camları silme işi size o kadar ıstırap gibi geldi ki, bir pazar günü Siktir Et dediniz ve elinizde krakerleriniz, camları silmek yerine oturup televizyon izlediniz. Harika bir duygu emin olun. Haftalar geçtikçe camların kirlendiğini görmekten zevk alırsınız. Kirli camlar artık sizin özgürlüğünüzün sembolü olmuştur. Kirli camlardan dışarısını görmek zorlaştığında ise bir temizlikçi çağırırsınız. Temizlikçiniz de hoş sohbet bir insansa yeni Siktir Et tavrınızdan daha çok memnun olursunuz ve adeta bir kutu diyet kolayı püskürterek açmayı düşlersiniz.

Önemli olduğunu düşündüğümüz şeyler canımızı yakmaya başladığında, Siktir Et dediğimiz noktaya geliriz. Bu noktada bize acı veren şeyleri yapmayı bırakır, bunun yerine daha eğlenceli şeyleri yapmaya başlarız. Yani:

- Formda kalmak için çalışmaya Siktir Et deriz ve onun yerine televizyon izleriz.
- Hoşlanmadığımız insanlara karşı nazik olmaya Siktir Et deriz ve onun yerine bu insanları önemsemeyiz.
- İşe tam zamanında gitmeye Siktir Et deriz ve onun yerine geç gideriz.
- Temizlik yapmaya Siktir Et deriz ve onun yerine temizlikçi tutarız.

Aslında bize acı veren şeyi bıraktığımızda, hep Siktir Et deriz. Önemsememiz gerektiğini düşündüğümüz şeyleri önemsemekten vazgeçtiğimizde Siktir Et deriz. Aileden, arkadaşlardan, iş hayatından, toplumdan ve dışarıdaki dünyadan gelen bütün zorunluluklarımıza Siktir Et deriz. Belli bir yoldan gitmemiz ve belli şeyleri yapmamız konusundaki insanların üzerimizdeki baskıları bazen bizden çok şey götürür ve biz de Siktir Et der kendi yolumuzu çizeriz.

Sonunda Yapabileceğimizi Düşünmediğimiz Bir Şey Yaptığımızda Siktir Et Deriz.

Sonunda kendi yolumuzu çizeriz. Birçok sebepten dolayı, yapmak istediğimiz şeylerden sırf yapmamalıyız diye vazgeçeriz.

Tam şu anda, Siktir Et diyen insanlar vardır, işte bunlar:

- Beğendiği kıza ya da erkeğe nihayet gidip ona ne hissettiğini açıklayan
- Bıktıkları işten dünyayı gezmek için ayrılan
- Bir aile üyesine ya da arkadaşına ne düşündüğünü açıkça söyleyen
- Kariyeri boyunca ilk defa işten izin alan
- Karısının gardırobuna bir göz atıp sevimli iç çamaşırlarını deneyen
- Kütüphanelerde sesli konuşan
- Çikolatalı pastanın hepsini yiyen
- Diğer sürücüye hareket çekip gaza basan
- Çimlerin üzerine uzanıp saatlerce yıldızları seyreden insanlardır.

İşte bu, özgürlüğün ta kendisidir: Sonunda, gerçekten neyi yapmak istiyorsak onu yapmak! Bütün dünyaya ve insanların sizin hakkınızda ne düşündüklerine Siktir Et demek ve sizi kimsenin tutamaması. Size eşlik eden bir rock müziğine ihtiyacınız olması da Siktir Et'in bir yan etkisidir. Bütün o eski Levi's reklamlarının da malzemesi bu değil midir zaten: Büroya motosiklet ile girerek kızı alıp gün batımına doğru gitmek.

Haydi, motorunuzu hızlandırın ve bu şarkıyı birlikte söyleyelim:

Hey, ne bekliyorsun be!

Bas gaza artık

Vur yollara kendini

Aç kollarını özgürlüğe

Salla yoluna çıkacakları

Aşk dolu kollarınla kucakla dünyayı

Göm kendini hiçsizliğin derinliğine

İsyankâr ruhunla var ol yeniden.

Siktir Et Diyoruz, Çünkü Hayatımız Çok Anlam-lı

Siktir Et'in dile getirilmesinin merkezinde hayatlarımızdaki anlam ilişkisi yatar. Gerçek, hayatlarımızın çok anlam-lı olmasıdır ki bu da güzel bir evrensel şakadır. Bizler yaşam mücadelemizin anlam bulmak olduğunu düşünüyoruz, yapacak anlamlı şeyler bulmayı istiyoruz; hayatın gerçek anlamı üzerine kafa yoruyoruz; anlamsızlık hakkında kaygılanıyoruz. Fakat bizlerin canını yakan, böylece sonunda bize Siktir Et dedirten şey bu anlamların birikimidir.

Camları silmeyi bıraktık, çünkü camları silme işkencesi, bizim bu işe yüklediğimiz anlam, ailemiz tarafından aşılanan anlamdan daha büyük hale geldi.

Bizler kendimizi yollara vurduk çünkü sonsuzluğa uzanan yolların cazibesi, planlanmış kariyerden, ipotekli evden ve dev ekran televizyondan üstün geldi.

Bu yüzden haydi, acının ve anlamın tarihine bir bakalım.

Hayatlarımızı Nasıl Anlamla Dolduruyoruz?

Vay anasını, bakın kim çıkageldi. Eamonn Andrews ya da daha gençseniz Michael Aspel. Sizi tuvalette ya da otobüste bu kitabı okurken görüyor ya da yatak odanızdaki gardıroptan pat diye çıkıp size "Bu senin hayatın," diyor.

Her neredeyseniz onunla yola koyuluyorsunuz. Sizin hayatınızdaki insanlarla dolu bir stüdyoya ve arkada duran, üzerinde sizin resminizin olduğu büyük bir ekrana geliyoruz. Sanki stüdyo evinizin yanı başındaymış gibi siz Eamonn ile çıkıp geliyorsunuz.

Ve bizler ortadan kayboluyoruz. Varoş bir mahallede 1965 yılında Jean ve Derek çiftinin çocukları olarak doğmuşsunuz vs. vs. Fakat bu sizsiniz. Bu yüzden doğduğunuz zamana geri dönün. Haydi, biz de size son dokuz aydır oyalandığınız güzel, karanlık ve ılık yerden, nefessiz kalarak ortaya çıktığınız zaman katılalım. Aman Tanrım, ne boktan bir şok! Bütün bu parlak ışıklar ve insanlar... Etrafınızı saran sıvı nerde? Artık sadece hava ve boşluk...

İşte geldiniz. Size herhangi bir anlam sunmayan bir boşluğa girdiniz ve bu, sizi bu noktada çok da ilgilendirmiyor. Şimdilik basit anlamlarla mutlu olacaksınız, mesela annenizin göğüsleri içecek ve yiyecek anlamına gelir ve şey, yani sadece annenin göğüsleri yiyecek ve içecek anlamındadır, bu kadar. Bütün insanların ağzı açık sizi seyretmesi ve komik sesler çıkarmasının hiçbir anlamı yoktur.

Bir şeylerin anlamları doğal olarak gelişir ve bu anlamlar genellikle bu şeylerin bize acı mı mutluluk mu verdiğiyle alakalıdır. Kalbimizdeki his mutluluk, midemizdeki ise acıdır.

Eamonn yaklaşık dört yaşınızdaki halinize sayfayı çevirir. O zamanlar nasıl hissettiğinizi ve en basit şeylerden aldığınız hazzı hatırlayabilir misiniz? Pencere camından inen bir yağmur damlasını izlerdiniz. Dışarı çıkar, gökyüzüne bakar ve yağmuru yüzünüzde hissederdiniz. Yağmurun toprakla buluşmasından çıkan o enfes kokuya bayılırdınız. Bazen başka bir yere gitmek ya da başka bir şey yapmak istediğinizi düşünürdünüz. Fakat nerede olursanız olun, genellikle her şeyin dokusuna kendinizi kaptırmış bir şekilde çok mutluydunuz.

Bir şeylerin anlamı, zaman içerisinde şekillendi. Birçok şey size zevk verirken bazıları acı verdi. Şuan siz de bunların neler olduğunun, acı verenleri hoşa giden şeylerle değiştirmek istediğinizin farkındasınız. Hayatınızın sayfalarını çevirip çocukluğunuzda çektirdiğiniz fotoğraflara bakarken, anlamın doğal arayışı devam eder.

Şimdiye kadar başkaları tarafından sevilme, arkadaş edinme, etrafımızda bizi düşünen, bizi seven insanların olması, okulda, sporda ya da bir müzik aleti çalmada başarılı olma bizim için bir şeyler ifade eder.

Anlam dünyamız daha çok gelişir ve karmaşıklaşır, anlam bazen sadece eğlenmek, bazen başkalarının bizi onaylaması, bazen yaptığımız şeyden haz almak, bazen ise başkalarına yardım etmektir.

Sayfaları, üniversite yıllarından ilk işimize, ilişkilerimizden bir aile kurmamıza doğru çevirirken hayatlarımızı karmakarışık yapan anlamın nakşını görürüz. Ya da kolunda teker teker nişanlarını biriktirmiş bir izci gibi bizler de bizim için anlamı olan şeylerin listesine yenilerini yavaş ama kuşkusuz bir şekilde ekleriz.

Bu da birçok insana göre hayatın ta kendisidir.

Büyük ihtimalle de Bu Senin Hayatındır.

Bizim için anlamı olan, önem verdiğimiz şeylerin hayatını oluştururuz. Ya da bu şeylerin değerlerimiz, hayatta önem verdiğimiz şeyler, olduğunu söyleyebilirsiniz.

Ne kadar iyi bir çalışansak işimize o kadar çok önem veririz.

Ne kadar iyi bir eşsek ilişkimize o kadar çok önem veririz.

Ne kadar iyi bir vatandaşsak başkalarının rahatlığına o kadar çok önem veririz.

Bir şeylerin önemi vardır. Birçoğumuz için bir şeyler çok önemlidir.

Toplumdaki her şey, bir şeylerin önemli olduğunu onaylar ve biz de bunu asla sorgulamayız. Fakat zaman geçtikçe liste uzar da uzar. Bu yüzden, Eamonn yansıtmaları birbiri ardına günümüze doğru çevirirken, sizin için önemli olana bir bakın. Muhtemelen aşağıdaki listeden önemli olan birçok şeyi işaretleyeceksiniz.

- Nasıl göründüğünüz: Çok mu şişman, çok mu yaşlı, çok mu kısa, çok mu uzun
- Seçtiğiniz işte ne kadar başarılı olduğunuz
- Çevrenizdeki insanlar: aile, eş, arkadaşlar
- Başka insanlara yardım ederek ya da bir şeyleri iyileştirerek hayatınızda bir farklılık yaratma
- Yeterli paraya sahip olma ya da çok paranın nasıl kazanılacağı

- Faturaların ödenmesi
- Her yıl güzel bir tatil yapma
- Dürüst olma
- Yapabildiğin zaman doğru şeyi yapma
- Güvenilir olma
- Eğlenme
- Hayatınla ilgili bir şey yapma
- Sağlık
- Özünü bulma
- Yaşam amacını bulma
- İç huzura kavuşma
- İşe zamanında gitme
- Bir işi belirtilen zamanda bitirme
- İyi bir örnek olma
- Çocukların önünde küfretmeme
- Bir çuval inciri berbat etmeme
- Doğrularını söyleme
- İzin alma
- Bahçe işleri
- Müzik
- Televizyon şovlarını kaçırmama
- Sana ihtiyacı olduklarında insanların yanında olma

- Güzel bir arabaya ya da seni bir yerden bir yere götürecek bir arabaya sahip olma

Tabii ki bu listeyi sonsuza kadar uzatabiliriz, çünkü bu dünyada anlamı muhtemelen sınırsız olan ve önemli olma ihtimali olan sayısız şey vardır. Şimdi de bir dakikalığına elinizde olan listeyle dört yaşınızdaki kendi görüntünüzü bir karşılaştırın. Vay be, yetişkin hayatının sorumlulukları, değil mi? Gerçekten anlamadan kendinize önemli olan şeylerin konvoyunu yarattınız. Burt Reynolds kamyonda en önde ve sizin için çok önemli. Arkanızda sizin için önemli olan diğer steyşın wagon, kamyon ve bisiklet var. Bu konvoy durmaksızın yolda devam ediyor.

Hayatın başka planları vardır.

Yönümüzü Arizona'ya çeviriyor ve yolculuğa koyuluyoruz. Teypte ZZ top tam gaz çalıyor. Bıyıklarım bana çok yakışmış, yanımda 70'lerin kısa şortuyla oturmuş bir sarışın. Bir erkek daha başka ne isteyebilir ki?

Fakat bu konvoydan sorumlu benim. En sonunda yola koyuluyoruz. Chuck her ne kadar yolda titizlikle birçok makineyle arabalara ve bayanlara hizmet etse de, teknik bir felaketin olma olasılığı her zaman var, mesela düz yatakların birinde bir sorun olabilir ve bu felaketler bizi yavaşlatabilir. Ama durdurmaz.

Pikaplardan birinde pervane kayışı bozulabilir, ben de hemen fıstıklardan birinin külotlu çorabını yürüterek bu sorunu çözebilirim. Fakat burada 34 tane kam şaftımız ve 34 tane kapak contamız var.

Enjeksiyon sistemlerinden, sınırlı diferansiyel kilidinden ve biyel başından bahsetmeye gerek bile yok. (Benimkini görmelisiniz, her türlü mekanik sorun var, sizin de hayal kırıklığına uğramış bir sürü sevgiliniz olurdu.) Bir de hava durumu var tabii ki.

Sel baskınları, kasırgalar... Dolu fırtınaları birçok insanın canını alabiliyor. Önemli şeylerden oluşmuş hayatlarımız da buna benziyor. Bizim için önemli olan her şey hayatın gereklilikleriyle tanıştırıyor bizi. Bizim için önemli olan her şey hayatın tutunmasını umduğumuz planlarla doludur.

Fakat hayatın başka planları vardır.

Ne kadar sağlıklı olmaya gayret etsek de bazen hastalanırız.

Ne kadar işe zamanında gitmek için uğraşsak da bazen gecikiriz.

Ne kadar doğru şeyi yapmaya çalışsak da bazen sarhoş olup yanlışlara sürükleniriz.

Ne kadar çok sevilmeyi istesek de bazen sevilmeyiz, kimse aramaz bizi ve üzülürüz.

Bazen hayatın önem verdiğimizle başka planları vardır.

Bazen hayatın önem verdiklerimizle ilgili başka planları vardır

Bazen hayatın bizimle ilgili başka planları vardır. Önemli olanların zinciri ne kadar uzun olursa hayat planlarımıza o kadar burnunu sokar.

Anlam acıdır

Önem verdiğimiz ve bizim için önemli olan her şeyin canımızı yakma potansiyeli vardır. Anlam, içinde acıyı taşıyan ışıl ışıl parlayan bir kutudur. Bazen kapak her ne kadar istemesek de birden bire açılır ve içindeki acı dışarı çıkar. Anlamdaki, önemli olan sorun ise bağdır, bağlı olduğumuz bir şeyin dönüp dolaşıp bizi ısırma potansiyeli vardır.

Budistlerin bağlılık konusundaki çalışmaları büyüktür, bunun sebebini de kolayca anlayabilirsiniz. Bu onların günahlarının bedelidir. Bağlarınızdan kurtularak ebedi özgürlük yoluna baş koyarsınız.

Aslında budur yolun ta kendisi ve yol kenarındaki durak yerleri. Belki de duraklardaki portatif tuvaletler budur ama ben abartmış olabilirim, son kısmından pek emin değilim.

Bağlarınızdan kurtulmaya çalışsanız da önünüze engeller çıkabilir. Bütün arzularınızı çöpe atmak kolay olmayabilir. Bu, 30 saniyede 1600 metreyi koşmak kadar zordur. Gerçekleşmeme olasılığı vardır. Her zaman.

Fakat bu konuda moralinizi çok da bozmak istemiyorum henüz. Şimdilik nasıl olursa olsun anlamın bağ olduğunu söylemek yeterli ve bağ, gerginliği de beraberinde getirir. Anlam kaybolduğunda bağ da kaybolur, böylece gerginlik de gider.

Bakış açısı bizi anlam konusunda eğitir.

Bu şekli Bond filmlerinden de hatırlayabilirsiniz, ya da hayatın gelecekte nasıl olacağını anlatan dergilerin birinden: Dimdik duran bir adamı hayal edin, iki tane çubuğa tutunmuş havalanıp oradan oraya uçuyor. Bir kişi için jet sevki.

Kolu kaldırıp, gaza basıyorsunuz ve 30 metre yukarıya uçuyorsunuz. Buna da Bakış Açısı Makinesi diyelim.

Hayatın ormanlarında, ağaçlara bakarak geziniyoruz. Bu ağaçlar da bizim önem verdiğimiz şeyler. Bazıları baktıklarımız, bazıları değer verdiklerimiz, bazıları ise tam önümüze düşenler. Bazıları ise üstümüze devrilenlerden. Çünkü bazen bazı şeyler çok ters gider. Berbat şeyler ya bize ya da çevremizdekilere denk gelir. Bazıları bizi ölüme kadar götürür; bir kazaya uğrayabilir, ciddi bir hastalığımızı öğrenebiliriz.

Böyle şeyler gerçekleştiğinde, Bakış Açısı Makinesi gökyüzünde ağaçların arasında uçar ve bizim için önemli olan her şeyi bu yükseklikten neredeyse göremeyiz.

Aniden kanser olduğunu öğrenen bir kişi daha önce iş yerindeki sıkıcılığa ya da vergileri ödeyememe gibi önemsiz şeylere neden üzüldüğünü anlayamaz.

Daha önce bize önemli görünen her şey birden önemsizleşir.

Bakış Açısı Makinesinde yukarılarda gezerken, ağaçları hâlâ görebilirsiniz ama o kadar küçülmüşlerdir ki artık bütün ormanları ve tarlaları görebilmeniz size ağaçların ne kadar önemsiz olduğunu anlatır.

11 Eylül, 7 Temmuz ya da tsunami haberleriyle hepimiz Bakış Açısı Makinelerimizle yukarıya fırladık. Hayatımızda bizi meşgul eden küçük şeyler bize ne kadar mantıksız göründü. Hayattaydık, ailemiz de yaşıyordu. Buydu asıl önemli olan.

Bizi, düşündürücü şeyleri görmemiz için Bakış Açısı Makinemiz ile yukarı gönderen, kişisel faciadan tutun dünya faciasına kadar her şeye hayatımızdaki sıradan şeylerin hepsine Siktir Et demektir:

"Neye üzülüyorsam Siktir Et."

"Benim gerçekten yaşamaya ve bu küçük şeylerin içinde boğulmamaya ihtiyacım var."

"Siktir Et, insanlara yardım edeceğim ve hayatımda bir fark yaratacağım."

Tabii ki Bakış Açısı Makinemizi stratosfere çıkaran düşünce süreçlerinden geçebiliriz. Mesela şöyle olabilir: Ben şu anda dünya üzerinde yaşayan 6.5 milyar insandan bir tanesiyim. Bu da 6.500.000.000 insandan biri yapıyor: Yani Wembley Stadyumu ya da çift katlı bir otobüs dolusu insan (gördüğünüz gibi bunlar standart İngiliz ölçüleri). Bizler saatte 108.000 km hızla güneş sisteminin merkezi olan güneşin etrafında dönen bir dünyada yaşıyoruz ve güneş sistemimiz de Samanyolu'nun merkezi etrafında 530.000 mph hızla dönmektedir.

Sadece bütün evrenin içindeki küçücük nokta olan güneş sistemimiz bile aslında çok büyüktür. Eğer Dünya karabiber tanesi, Jüpiter de kestaneyse (standart Amerikan ölçüleri), aramızdaki gerçek uzaklığı anlamak için onları 100 metre ayrı koyun.

Bu evren birçoğundan sadece bir tanesidir. Başka evrenlerde bizimki gibi tıka basa dolu dünyaların olma olasılığı vardır.

Ayrıca bu sadece uzaydır.

Zaman kavramını da göz önünde tutun, eğer şanslıysanız Dünya üzerinde 85 yıl yaşayabilirsiniz. İnsanoğlunun geçmişi 100.000 yıla kadar varıyor. Yani siz bu geçmişin sadece yüzde 0,00085'ini yaşayabiliyorsunuz ve Dünya'nın 5 milyar yıllık yaşına bakıldığında insanoğlunun geçmişi çok kısa kalıyor: Eğer Dünya bir gündür var ise (Bing Bang Teorisi bir gecedir diyor), insanoğlu 11.59.58'e kadar var olmamıştır. Bu da bizim son iki saniyedir var olduğumuzu gösterir.

Ömür su gibi akıp gidiyor. 100 yıl önce dünya üzerinde kısmen daha az insan vardı. Sizler de yakında yok olup gideceksiniz.

Böylece hayatlarımızın zamansal ve boyutsal içeriğine kısacık bir bakış attığımızda, bizim ne kadar önemsiz olduğumuzu görürüz. Bakış Açısı Makinesi bizi kelimenin ne anlama geldiğini unuttuğumuz ormanların üstüne çıkardığında, hareket eden sadece bir ışık görürüz ki o da çok güzeldir. Küçük, hafif hafif parlayan bir ışık. Kâinatın içinde kaybolmuş bir ateş böceği. Dünya üzerinde sadece bir gece yaşayan bir ateş böceği. Güzel güzel parlar ve sonra yok olur.

Bakış Açısı Makinemizde çok yükseklerde anlarız ki bizler tıpkı o ateş böceği gibiyiz. Gökyüzü 6,5 milyar ateş böceği ile dolu ve hepsi bir geceliğine güzel güzel parlıyor ve daha sonra yok oluyor.

Bu sebeple, Siktir Et, sen de GERÇEKTEN parlayabilirsin.

İşte yine aynı noktadayız. Özgürlüğün kısacık tadına vardınız mı? Bazen tadı çok uzun sürmez, fakat asla unutulamaz.

Kişisel olarak varoluşumun tamamen anlamsızlığını düşündüğümde her zaman bu tadı alırım. Özgürlük telaşıdır bu, çok lezzetlidir: Eğer hayatımın anlamı çok az ise, o zaman Siktir Eder, keyfime bakarım.

Anlamlar haddini aşarsa ne olur?

Bakış Açısı Makinesi'ni uzayda o kadar uzağa göndereceğiz ki makine bir fincan sıcak çayın içinde çözünen şeker gibi çözünecek. Bu tür bir şey belki de sizin başınıza gelmeyebilir, fakat hayatın ne getireceği, bu gelenin sizi nasıl çarpacağı hiç belli olmaz. Bu, 70'lerin gerilim filmlerindeki arabanın, karşılaştığın en dik yokuşta duran bariyerlere çarpması, taşlara kayalara vurarak aşağıya doğru takla atarak sürüklenmesi, vadiye varana kadar paramparça olması ve bir anlık duraksamadan sonra arabanın alev alması gibi muazzam bir çarpma olabilir.

Bunu, daha önce konuştuğumuz, size önemli oranda bakış açısı kazandıran büyük şeylerden biri başlatabilir. Fakat bu şeyler her zaman hayatın dibe vurmasına sebep olmaz. İnsanlar sakinliğini en inanılmaz durumlar ve facialarda bile koruyabilirler. Fakat insanların önem verdikleri bir şey yanlış yolda ilerlerse işte hayatları o zaman dibe vurur.

Bir hayatın nasıl dibe vurduğunu siz ve çevrenizdekiler anlayabilirsiniz. Bu bir bakış açısı dersi değildir. Aslında hiçbir şeyin dersi değildir. Bu sadece çaresizliğin derin ve karanlık boşluğudur. İnsanlar artık dibe vurduğunu ve çarenin olmadığını düşünürler.

Birkaç yıl önce bu dibe vurmalardan birini ben de yaşadım. Öyle kayalık yokuştan yuvarlanıp paramparça olan araba kazası gibi değildi. Fakat bir kırıkçının çocuklarını devlet okulunda en azından bir hafta tutmaya yetecek derecede kötü omurga incinmesine sebep olan cinstendi.

Bu gündelik çarpışmayı şöyle anlatayım: Bir karavanda aylardır Avrupa'yı dolaşıyorduk. Yaz hiç bitmeyecek gibiydi, özellikle de ekimde biz hâlâ sahildeyken ve İtalya'nın güneyinde Adriyatik'te yüzerken. Fakat Londra'ya dönüp biraz para kazanma vaktimiz gelmişti.

5 Kasım'da Londra'ya vardık. Patlayan dinamit manzarası, kendi ismimi ışıklarla yazmak ve kumpirdeki folyodan yanlışlıkla ısırdığım parçaları dilimden almak benim için normal heyecanlardandı. Fakat üç gün içinde güneş, deniz ve sörfü bırakıp karanlık, çiseleyen gri Balham sokaklarına gitmiştik. Böylece hızla kötüleşen sağlığım ve çalışmak zorunda olmam beni iyice depresyona itmişti.

Bir gece sonra, karavandaki şilteleri Balham High Road'daki yeni küçük dairemize nasıl getireceğimiz hakkında tartıştık. Karavanı yola karşı çektim, yarısını kaldırıma, diğer yarısını da yola çıkartıp durdum. Dışarı çıkıp su oluğunun içine yattım. Hiç durmadan yağan yağmurun şiddeti göz önüne alınırsa su oluğu akarsu gibiydi. Su oluğunun içinde yatarak küçük bir çocuk gibi kıvrandım ve inlemeye başladım.

İşte bu da haftanın en önemli kısmıydı.

Hayatımda ilk defa her şey anlamını yitirdi. Yaşamaktan nefret ettim. Her saniye acılar içinde kıvrandım. Acılar içindeyken bir şekilde güçlü ağrı kesiciler alarak bile acınızı dindirirsiniz. Fakat benim için korkunç gerçek bu acıdan asla kaçamayacağımdı. Çünkü yaşamaktı bu acının nedeni.

Böylece bu acıdan kaçmanın bir yolu beliriverdi: Ölmek. Her ne kadar insanların neden intihar ettiğini anlayabilsem de, yapmayı düşündüğüm bir şey değildi.

Eşim her zaman yardımıma koşardı. Fakat bir süredir yardım edilemeyecek haldeydim.

Seminere eşimle beraber gittik. Beni orasının kendim olabileceğim ve başkalarını dinleyebileceğim güvenli bir yer olduğuna ikna etti. Seminerin olduğu Kuzey Londra durağının yakınlarındaki tüp geçitteyken daha önce hiç hissetmediğim bir şey hissettim. Başkalarının benim hakkımda ne düşündüğü hiç de umurumda değildi, hiç tınmıyordum ve bu harika bir şeydi. Başımı sallayıp arada hıçkırıklara boğulduğumda bile öteki yolcuların benim hakkımda ne düşündüğünü umursamadım.

Seminere katılmak için Kuzey Londra evine vardığımızda, bu kibar insanların benim hakkımda ne düşündüklerini de iplemiyordum. İnsanların ne düşündüklerine ve nasıl göründüğüne hayatı boyunca her zaman değer veren bir erkek için bu yeni bir şeydi.

Ben de bu güvenli tedavi yerini sonuna dek kullandım. Her zamanki gibi başlangıçta yapılan "paylaşma" seansında bazı insanlar içlerini döküp biraz ağladı. Herkes onların acısını paylaştı ve onlara sarılarak destek oldu. Önceden bunun gibi seminerlerde ben de biraz ağlardım ve herkes acımı paylaşır, beni kadınsı tarafıyla iletişimde bulunan bir adam olarak görür, sarılıp destek olurlardı.

Fakat çocuk gibi boşboğazlık ettim. Kimse bana dokunamadı. Hiçbir şey fayda etmedi. İşime yaraması gereken, iyileştirici, güzel bir alıştırmanın ortasındaydım. Fakat sonra, kendimi öncekinde olduğu gibi boş, ölü ve sıkıcı boşlukta hissettim. Tedavi gruplarından öğrendiğim bir şeyler vardı: Zor bir yerdeki insanların sabrı o kadar da derin değildir, özellikle sunulan tedavi yöntemlerinin etkisi yok gibidir. İnsanlar gerçekten bana bu kadar çökmüş olduğum için kızdılar. Bu da umurumda değildi tabii ki.

O gün hissettiğim yeni duyguları hâlâ hatırlarım. Hissettiğim acının karanlık çaresizliğinde, daha önce hissetmediğim özgürlük duygusunu da hissettim. Her şeyin önemsiz olduğunu bilmenin özgürlüğüydü bu. Nihilist hüznümde, her şeye sadece Siktir Et diyordum.

Kara bulutlar geçti, ben de hayatın normal akışına döndüm. Fakat bir şeyler kaldı benimle, önceden önemli olup da artık hiçbir önemi olmayan şeyler. Ya da bir daha asla geri gelmeyecek bir şeyi kaybetmiştim: Her şeyin çok önemli olduğu duygusunu.

Sonraki yıllarda, ruhani edebiyatla çok ilgilendim, Yeni Çağ Ruhaniyeti ve Taoizm, Budizm, Şamanizm vs. hakkında elime ne geçtiyse okudum.

Her şeyi en etkili çağdaş öğretmenlerden okudum. Bu çağdaş öğretmenlerden okuduklarımda herkesin kendi kişisel hikâyelerinin olması ve bu hikâyelerin de birbirine çok benzemesi beni çok etkilemeye başlamıştı. Hepsi hayatlarında yaşadığı dibe vuruşları anlatıyordu.

Bu yüzden lütfen öne çıkın Brandon Bays, Eckhart Tolle and Byron Katie.

Brandon Bays, tedavi alanından yıllarca çalıştıktan sonra büyük bir tümörünün olduğunu öğrenince yıkıldı. Fakat hayret edici ve hızlı bir şekilde kendi kendine iyileşmeyi başardı. 18 ay sonra, felaket darbeleri ardı ardına geldi. Malibu'daki güzel evi yanıp kül olmuştu.

Daha sonra bütün gelirine IRS tarafından el konuldu ve beş parasız kaldı. Daha sonra, taptığı kızı ve "ruh ikizi" olan Kelley onunla görüşmek istemediğini yazmıştı. Son olarak da kocası başka biriyle ciddi bir ilişkisi olduğunu itiraf etmişti. Boom. Bütün bunların ortasında uyandı. Zaman durmuş, hareket etmiyordu. Güvenmeye karar verdi. Eksiksiz bir aşk duygusuyla, aşkın her yerde olduğu duygusuyla yıkandı. Brandon Bays "uyandı" ve ilham verici *The Journey'i* yazdı.

Eckhart Tolle otuz yaşına kadar neredeyse sürekli endişe ve depresyon halinde yaşadı. Daha sonra bir gece-

Sabahın erken saatlerinde korku içinde uyandım ama bu kez daha önceden de hissettiğim ama hiç bu kadar yoğun olmayan bir duyguyla uyandım.

Her şey o kadar yabancı, o kadar düşman ve o kadar anlamsızdı ki dünyaya karşı derin bir nefret uyandı içimde.

Tam bu anda, "derin yokluk ve yok oluş arzusu" ortaya çıktı ve başka bir şeye dönüştü. Aklını tamamen durduran varlık hakkında, sorun yaşadığı "öz" hakkında bir sezgisi vardı. Kendine geldiğinde, dünya algısı değişmişti. Yaşadığı her şeyde, anbean, huzurda ve mutlulukta güzellik görüyordu. Eckhart Tolle uyandı ve en iyi satan *The Power of Now* adlı çalışmasını yazdı.

10 yıl boyunca, Byron Katie'nin hayatı gitgide mahvoldu. Depresyona, öfkeye ve paranoyaya kendini kaptırdı. Evden çıkamadığı, banyo yapamadığı hatta dişlerini fırçalayamadığı zamanlar oldu. Kendi öz çocukları, ani öfke patlamalarından dolayı ondan uzak duruyorlardı. En sonunda, yeme bozukluğu olan kadınlar için rehabilitasyon merkezine yerleşti. Orada da öteki misafirler ondan korktuğu için onu ayrı bir yere koydular. Çok geçmeden yerde yatarken, artık kim olduğuna dair hiçbir fikri olmayarak kalktı. "Artık eskisi gibi değilim," dedi, sevinci ve kabullenmeyi yüreğinde hissetti.

Eve döndüğünde, herkes onun ne kadar çok değiştiğini düşündü. Byron Katie "uyandı" ve güzel bir çalışması olan *Loving What Is'i yazdı.*

Tüm bu üç fikrin ve sürecin büyük faydası vardır, fakat sanki bir şeyler eksik, değil mi? Duygusal katların dibine inmenin (*The Journey*) ve anın tadını çıkarmanın (*The Power of Now*) ya da seni neyin sinirlendirdiğine dair dört soru sormanın (*Loving What Is*), bu üçünü birleştiren ortak noktaları var:

- Hayatlarında çok büyük dibe vuruşlar yaşamışlar ve daha sonra hayatlarında bir şeyler meydana gelmiştir.
- Söyledikleri en büyük Siktir Et'i söylemiş, daha sonra da hayatlarında bir şeyler değişmiştir.

Bunu öğretmeliler değil mi? Bu bir süreç olmalı. Belki de en iyi satan kitap olmazdı ama bu süreç sizin hayatınızdaki bazı büyük dibe vuruşlarla alakalı, değil mi? Mesela ya kendinizi öldürmek istersiniz ya da Siktir Et deyip daha önce göremediğiniz şeyleri görürsünüz, böylece hayatınız değişir.

Tabii ki bu süreci öğretebilmeniz için birçok garantiye ihtiyacınız var ve ben buna adayım.

Şimdi de *Dibe Vurduğunuzda Siktir Et Deyip Uyanın Kursuna* yazıldınız. Bu kursun bir aylık maliyeti size 10.000 avrodur. Uzmanlarımızdan oluşan ekibimiz hayatınızı değiştirmeye hazır:

- Taklitçimiz, patronunuzu arar, rakip firmanın bir çalışanıymış gibi davranır ve sizin de onlara büyük miktarda para karşılığında gizli bilgileri gönderdiğinizi söyler.
- Adamımız o sabah masanıza 2.000 avroluk bir fişi notlarınızın arasına koyar.

- Hugh Grant'e benzeyen adamımız karınızı takip eder ve "kazara" ona çarpmayı başarır. Üç gün içerisinde karınız son dakikada haberi olduğu iş konferansına çağrılır ve tabii ki işi bizim Hugh Grant'e benzeyen adamımızladır.

- Hackerımız bize vermiş olduğunuz otomatik fatura bilgilerinde banka hesaplarınızı hackler ve bütün paranızı çalar.

- Kimlik hırsızımız hem tapu senedinizden hem de BMW 5 olan arabanızın ruhsatından isminizi siler.

- İcra memurumuz evinizi alır.

- Hiçbir şeyiniz ve kimseniz kalmamış bir durumda eski evinizin önündeki kaldırımda oturuyorken, dövüş sanatçımız gelir ve sizi hırpalayarak Tag Heurer saatinizi alır.

- Bu noktada hiçbir garantimiz yoktur ama şimdi müşterilerimizin %78'i Siktir Et der ve beş dakika sonra uyanırlar.

Görev tamamlanmıştır.

Fakat bu tabii ki bizim gerçekten önerdiğimiz bir şey değildir. Eğer hayatın bazı çeşit dibe vuruşlarıyla karşılaşır ve söylediklerim işe yaramazsa beni dava etmeyin lütfen. Bu demektir ki siz aptalın ta kendisisiniz. Aptallar uyansa bile hâlâ aptaldırlar, bu yüzden böyle bir şeyi neden yapmak istesinler ki?

Benim size önerdiğim şey sizi tutan, size acı verme potansiyeli olan anlamlardan kurtulmak için Siktir Et demenin ruhani sürecini kullanmanızdır.

2. Bölüm

Gerekli Siktir Et Teknikleri

Bu beş teknik size Siktir Et hayatını yaşamanızda yardımcı olacak. Size teknikleri parmaklarınıza, dövmeyle kazıtmanızı şiddetle öneriyorum. Böylece hiç unutmazsınız. Güzel ve kolay bir yazı biçimiyle yazdırın. İtalik harflerle yazdırmanızı önermem çünkü sonunda daha köylümsü bir restoran aramak zorunda kalabilirsiniz.

Daha sonra da göreceğiniz gibi teknikler birbirine karışır ve birbirine bağlıdır. Sanki dövmeli ellerinizle bir yumruk yaparmış gibi sıkıntılı hayatınıza sertçe vurup onun teslim olmasını sağlamaya hazır olun.

Rahatlama

Birçoğumuz ne kadar gergin olduğumuzu bilmeyiz. Siz biliyor musunuz? Gerçekten rahat mısınız? Tamam, haydi, bir bakalım.

Bu kitabı okurken, omuzlarınıza yoğunlaşın. Onları rahatlattıkça aşağıya doğru indiğini hissedin. Daha sonra boynunuzu hareket ettirin ve akıp giden gerginliği hissedin. Şimdi, sıra çenenizde. Çenenizi rahatlatırken onun gevşediğini hissedin. Daha sonra alnınız ve gözlerinizin çevresindeki kasların gevşediğini hissedin.

Şimdi de omuzlarınıza tekrar dönün. Yine gerilmiş olabilirler, bu yüzden onları tekrar rahatlatıp aşağıya doğru inmelerini sağlayın.

İşte bu böyledir. Düşünmediğimiz yerlerde gerginlik bulabiliriz ve dikkatimizi başka bir şeye yönelttiğimizde gerginlik geri gelir. Bunun gibi bilinçsel olarak vücudunuzu dinleme alışkanlığı kazandığınız ilk zamanlar biraz endişelendirici olabilir, çünkü gerçekten çok gergin olduğunuz izleniminiz oluşur. (Önceden gerginliğinizi bilmemeniz mutluluk kaynağınızdı.)

Vücudunuzdaki gerginliği göz ardı ederseniz, çocuklarda ve bazı yetişkinlerde olduğu gibi, bağırmalar, çığlıklar ve olumsuz davranışlar baş gösterir. Bu yanlış davranışlar boyun, baş ve sırt ağrısı vs. şekillerini alır. Bu yüzden vücudunuz ilginizi çekmek için bağırmaya başlamadan önce ona kulak verin.

Bizim çok basit yaratıklar olduğumuzu unutmayın, acıdan kaçınır ve mutluluğumuzu artırırız. Şimdiye kadar acıdan kaçma hakkında konuştuk. Şimdi ise rahatlamadaki mutluluğu hissedin. Bir kadeh şarapta, bir öpücükte ya da --------------------------'da (lütfen burayı yapmaktan hoşlandığınız bir etkinlikle doldurun ama biraz dikkatli olun. Sizden sonra bu kitabı başkası okuyabilir; zevkli etkinliklerin ifadelerinin sizin için acı veren bir şey olmasını istemem.) bulduğunuz mutluluğu rahatlamada da bulun.

Ben buna "iç mutluluk arayışı" derim. Bazı ukalalar bir keresinde verdiğim bir konferansta mutluluğun hepsinin içsel olduğunu belirtmişti. Yani tabii ki, ama ben mutluluğun kaynağını dışarıda değil de kendi içinizde aramanızdan bahsediyorum.

Bu genellikle aklımızdan hiç geçmez. Ümitsiz bir şekilde iç mutluluğu yani mutluluğu dış aramalarla bulmaya çalışıyoruz. Lütfen hoşunuza giden şeyleri boşluğa yazın. (Eğer bu kitabı birçok boşlukla doldurursak, kitap daha çok bir çalışma kitabı gibi olur, bu da benim hiç hoşuma gitmez. Ayrıca okuyucularımdan "Ben birkaç tavsiye almak için kitabınızı okudum ama aldığım tek şey bir sürü boşluktu. Bir dahaki sefere boş kâğıt alayım da daha ucuz olsun," diyen mektuplar alabilirim.)

Eğer içinizde mutluluğun kaynağını bulabilirseniz, asla sıkılmazsınız, kendinize güvenir ve çok ucuz bir flört de olursunuz. Fakat eğer mutluluğu sağlığınızı destekleyecek, sizi uzun bir hayata, mutluluğa ve aydınlanmaya götürecek şeyde bulabilirseniz, o şeyi düzenli bir şekilde yapma fikri kazanırsınız.

Haydi, devam edin, odanıza gidin, kapıyı kapatın ve birazcık iç mutluluk arayışını deneyin. Bunu yaptıktan sonra, derin mutluluğu rahatlamada bulmaya çalışın. Nefes alabilmenin tadını çıkarın. Ellerinizin rahatladıkça karıncalandığını hissedin. Tüm vücudunuzun sıcak bir yaz gününde eriyen bir dondurma gibi sulu ve yumuşacık oluşunu hissedin ve heyecanlanın.

Boş verme

Belki de her şeyin geçici olduğunu doğal olarak biliyoruz ve buna ümitsizce bağlı kalıyoruz. Gençliğimizin yitip gittiğini, bir gün öleceğimizi ve sevdiklerimizin öleceğini, şimdiye kadar neyi biriktirdiysek hepsinin bizden alınacağını, bir gün yeteneklerimizin istenmeyeceğini, aşkımızın karşılık bulamayacağını biliyoruz. Ama yine de bağlı kalıyoruz.

Baktığımız her yerde geçicilikle karşılaşıyoruz. Ekimin başlarında bunu yazarken, dışarı baktım ve her şeyin solup gideceğini her yıl hatırlatan doğayla karşılaştım.

Ne kadar çok bağlanırsak, bir şeyler soldukça, ortadan kayboldukça, öldükçe o kadar çok acı hissederiz. Bazen ne kadar çok bağlanırsak, o kadar çok kayıp yaşarız. Bir ilişkide her şeye evet diyen yapışkan birini düşünün. Âşık olduklarını düşündükleri şeye demir bir sapla bağlanır, en ufak bir şeye kıskançlık duyar, ilişkiyi yaşamak yerine zamanlarını kötü şeylerin olabileceğine harcarlar. Bu, ilişkideki öteki insanı nasıl hissettirir acaba? Böyle bir ilişki ne kadar sürer ki? Kötü ve kısa. Sorduğum soruların cevaplarını, orada oturmuş çenenizi kaşırken merak edersiniz diye söyledim.

Tutunduğunuz şeylerden kurtulmanın yolu, ona sahip olmasanız bile mutlu olacağınızı bilmektir. Evet, gerçek budur. Bu güzel bir egzersizdir: Hayatınızda bağlı kalmak istediğiniz şeyleri gözden geçirin, eşinizi, işinizi, sağlığınızı, espri anlayışınızı, ailenizi, arkadaşlarınızı, televizyondaki dizileri. Kendinize bunlar hayatınızda olmadan da gerçekten mutlu olacağınızı söyleyin.

Çok az şeylerle de hayatta kalabilirsiniz. İnsanların ve bazı şeylerin değişmesi acı verebilir ama hâlâ hayattasınızdır. Buna hazırsanız, kendinize birkaç defa "Hayatımda bir şeylerin değişmesini ve yok olup gitmesini kabul ediyorum," deyin.

Bana ve çevremdekilere ne olursa olsun kabul ediyorum. Beni tutan hayattan kurtuluyorum ve hayatın sadece benimle, benim etrafımda dönmesine izin veriyorum." Şimdi bir mum yakın ve kaşlarınızı yakın. Hayıııırr. Sakın her dediğimi yapmayın.

Fakat rahatlayın (1.parmak), boş verin (2.parmak), ve her şeyi olduğu gibi kabul edin (3.parmak).

Kabul etme

Son zamanlarda çok kötü durumdayız. Her şey çok kötüye gidiyor. Otobüse bile müfritler tarafından bombalanır diye düşünmeden binemiyoruz. Tabii eğer otobüs gelirse. Temmuzun ortasında hiç gelmeyen otobüsü yağmurun altında beklemek anormal değil mi? Ben miyim anormal yoksa yazın ortasında yağan yağmur mu daha anormal? Küresel ısınma zımbırtılarını at çöpe gitsin. Daha soğuk ve ıslak. Hayatlarımızla ilgili ne yapmamız gerektiğini söyleyen başka bir neden. Her neyse, eğer dünya ısınıyorsa, neden doğal gaz faturalarımız yükseliyor? Daha az kullanınca faturaların da azalması gerekmiyor mu? Onları aradım ve sordum, Hindistan'daki bir genç arkadaş cevapladı. Çok nazikti ama hiçbir fikri yoktu.

En azından nazik davrandı, naziklik artık zor bulunur bir şey burada. Kibarlık, saygı gibi kavramlar artık tarihe karıştı.

Birleşik Krallıkta ne kadar şikâyet ettiğimizi biliyor musunuz? "Biz" dedim ama "siz" demem gerekiyordu çünkü ben şimdi çok da şikâyet etmeyen bir ülke olan İtalya'da yaşıyorum. (Tamam, hâlâ bikinili kızlarla dolu olan sahneye bakan yaşlı adamların düzenlediği oyun gösterilerini görebilirsiniz. Burada belki bir bağlantı olabilir. BBC'ye göre bu, 70'lerin Bruce Forsythe'lı ve bikinili fıstıklarla dolu olan oyun gösterilerine geri dönüştür. Bu en azından, adamların şikâyet etmesini durdurur. Onu Germaine Greer'in düzenlediği bagajlarda bir sürü yakışıklı çocuğun olduğu bir oyun gösterisiyle dengelediğinizde, sorununuz olmayacaktır, daha sonra da kızlar şikâyet etmeyi kesecektir.) Şuan daha çok fark ediyorum ki ben bazen sadece İngiltere'de yüzeye çıkabiliyorum. İngilizler çok gergin ve şikâyetçidir. Televizyonda her zaman kötü haberler, dizilerde şikâyet eden, birbirine bağıran ya da *Biri Bizi Gözetliyor*'da dırdır eden insanlar vardır ve gazeteler muhteşem falan filanın daha şişko ya da zayıf olduğunu görmeye bayılırlar.

Posh Becks'in çok zayıf olduğuna dair sayısız resimler vardı. Becks her yemekte sadece bir muz kabuğunun içini yiyip, bir cipsin tuzunu yalıyormuş. Gazeteler onun genç kadınlara ne kadar kötü bir örnek olduğunu bangır bangır söyledi. Fakat kusura bakmayın ama Becks genç kadınlara çok *harika* bir örnek değil mi? Eğer mide bozukluğu olan küçük bir kuştan daha az yersen, mide bozukluğu olan küçük bir kuş gibi görünmeye başlarsın. Evet, hanımlar, bu kadın hiç de hoş değil. Beyler, bu kadın bunu bizim için yapmıyor. Lütfen çekinmeyin, balık yiyin, dondurma yiyin, emin olun dans pistinde size dans teklif edecek bizden daha çok bulacaksınız, ya da son zamanlarda ne yapılıyorsa.

İşte bu yüzden dırdırlanıp eleştiriyoruz, içimizdeki iyiliği hissedemeyip, bu rahatsızlığın sebebini kendi başımıza dışarıda arıyoruz.

Siktir Et dedikten sonra rahatlayıp boş vererek içinizde daha iyi hissedecek, bu hissi çok seveceksiniz ama bu hissi, şikâyet etmek kadar kolay bir şekilde elde edemeyeceksiniz. Bir süre sonra şikâyet etmekten nefret etmeye başlayacaksınız, çünkü şikâyet etmek sizi iyi değil, daha kötü hissettirecek.

Çevrenizdeki şeyleri olduğu gibi kabul etme çabasının en iyisi olduğunu öğreneceksiniz ve sizin kendi acı veren duygularınızı aklama ihtiyacını kaybedeceğinizden bunu en iyi yol olarak göreceksiniz. Gerçek şudur ki hayatımızdaki bizi sinirlendiren şeylerin çoğu hakkında yapılabilecek hiçbir şey yoktur.

Geç gelen otobüsler, teröristler, bizi sahte savaşlara sürükleyen yetersiz politikacılar, küfreden ve saygısızca davranan gençler hakkında pek bir şey yapamayız. Hatta daha da fazlası, patronunuz tam bir bela, eşiniz tam bir bencil ve çocuğunuz tam bir tembel olabilir, ama elden ne gelir. Tabii ki işinizi, eşinizi bırakabilir, çocuklarınızı sağlıklı egzersizler yapması için dışarıya atabilirsiniz.

Fakat bunları yapmaya hazır olana kadar, kör olası şikâyet etmeyi bırakın da her şeyi olduğu gibi kabul edin. Her şeyi olduğu gibi kabul etmek varılabilecek en güzel noktadır. Haydi, bunu bir hissedin. Kendinizi daha ince, daha uzun ya da daha güzel değil de neyseniz öyle kabul etmek nasıl olurdu?

İş, aile, arkadaşlar, cinsel yaşam, beklentiler ve her şey açısından hayatınızı nasılsa öyle kabul etmek nasıl olurdu? Dünyayı olduğu gibi yani berbat, pis, ısınan, savaş yanlısı, hırsla dolu bir yer olarak kabul etmek nasıl olurdu? Bunu bugün deneyin. Hem iyi hem de kötü haberleri, size davranmasını istediğiniz gibi davranmayan insanları, plana göre işlemeyen şeyleri olduğu gibi kabul edin.

Kendi içinizde iyi hissetmeye başlayın. Artık eleştirmeye ya da şikâyet etmeye gerek duymadığınızı hatırlayın. Eğer hepimizin bazen hissettiği gibi içinizde çok kötü hissediyorsanız, suç atacak bir şey bulmak için dışarıya bakmadan o hissi de kabul etmeye çalışın.

Tarafsızca İzleme

Röntgenci, gecenin geç saatlerinde Bayan Tardywells'in korsesini çıkarıp ay ışığında baştan çıkarıcı bir şekilde kozasından çıkarken perdenin arkasından onu gözetleyen sapık değildir. Röntgenci, aklımızdan geçenleri ve bedenimizi tarafsız bir şekilde izleme yeteneğimiz olsun diye yırtınan bizleriz. Bunu "farkındalık" ya da "bilinçlilik" olarak da adlandırabiliriz. (Her iki kelimeyi yırtınanlar, felsefecilerden daha dar anlamda kullanır.) Ama şimdilik Röntgenci konusuna sadık kalalım.

Bir süreliğine kıpırdamadan oturmak (genellikle "meditasyon" olarak da adlandırılıyor.) içinizdeki Röntgenci ile irtibata geçmenin iyi bir yoludur. Bu kelimenin baş harfinin büyük yazılması hayatınızda ona ne kadar önem verdiğinizi göstermez mi? Orada oturun, her zaman olduğu gibi düşünceleriniz sizi sarsın ve düşünceleri sanki size ait değilmiş gibi yukardan izleme hissini geliştirin. Düşüncelere müdahale etmeyin, onları yargılamayın. Sadece kabul edin. Bu size düşüncelerinizi yargılamaksızın, tarafsız bir şekilde izleme fırsatını verir. Mesela, "Ah, keskin bir baltayla, beni aldatan erkek arkadaşımı öldürmek istiyorum"; "Ah, o kadar açım ki, kedimi yüzüp kızartarak yiyebilirim."

İşte size başka bir imge. Röntgenciyi çok yoğun bir ana caddedeki XXTV kamerası olarak da düşünebilirsiniz. Kamera olan biten her şeyi görür, ama olan bitene ne karışır ne de "Hey, büyük burunlu adam, o ceketin içinde çok komik duruyorsun," diye bağırır. Sadece izler. Aslında, onun büyük burnunu ve ceketini izleyen bir insan yoktur. Kamera sadece izleyen ve lazım olur diye kaydeden aptal bir makine parçasıdır. Bu makine sadece izler, yargılamaz ya da eleştirmez. Bu küçük cansız makinenin insanlar üzerindeki etkisini biliyor musunuz? İnsanlar daha dikkatli hareket ederler. Akınızda ya da vücudunuzda olan da aşağı yukarı aynıdır. Ne kadar tarafsız izlersen ve gördüğün şeyi olduğu gibi kabul edersen, aklın ve vücudun o kadar çok dikkatli hareket eder. Tabii ki daha iyi hareket etmesi gerekmez, düşünce suçlarının görüntülerine bakacak bir MI5 yoktur. Fakat Röntgenci vasıtasıyla düşüncelerini ve duygularını olduğu gibi kabul ettiğin zaman, her şey yavaş yavaş durulmaya başlar.

Deneyin ve kendiniz görün.

Duygu, düşünceleriniz ve kendiniz arasında bir mesafe koymakta zorlanıyorsanız, bu dediklerime kulak verin. Birkaç yıl önce Balham'da küçük bir dairede oturuyorduk. Her gece bir buçuk saat boyunca bacaklarımı üst üste atar sessiz sessiz otururdum.

Oturduğumuz daire büyük bir sitedeydi. Bu yüzden her saat dışarıdan gelen insan seslerini, tuvaletten gelen su sesini, kapı vuruşları, televizyon seslerini ve bebek ağlamalarını duyabilirdiniz. Yerime yerleşir, aklım yavaşlamaya başladığında, yan dairedeki seslerin farkına varırdım yavaşça. İki erkek sesiydi belki de iki insan, havadan sudan konuşuyorlardı. Yeterince yoğunlaştığımda ne dediklerini duyabiliyordum. Gecenin bu saatinde bu kadar işitilebilecek şekilde konuşmalarına şaşırdım. Biraz daha dinledim ve daha önce yan dairedeki insanların konuşmalarını hiç duymadığımı fark ettim. Orada orta yaşlı bir adamın yalnız yaşadığını biliyordum fakat onu bir başkasıyla konuşurken hiç duymamıştım.

Dinlemeye devam ettim. Sonra bir irkilmeyle anladım ki sesler yan daireden gelmiyordu, hepsi kafamın içindeydi. Sanki onlardan tamamen ayrıymışım gibi kendi saçma sapan günlük düşüncelerimi dinliyordum. Çok şaşırmıştım. Seslerin yan daireden geldiğine o kadar inanmıştım ki. Belki de ilk defa düşüncelerimden fazlası olduğumu anladım. Sahip olduğum düşüncelerden ayrı, kafamda ya da başka yerde başka şeyler var.

Kimileri o anda özle, Tanrı ile ya da evrensel bir yaratıkla iletişime geçtiğimi söyleyebilir. Hiç fikrim yok ama çok iyi hissettim kendimi. O zamandan beri bu deneyimi tekrarlamaya çalışmadım, ancak zaman zaman özellikle araba kullanırken benzer belirtilerimin olduğunu söyleyebilirim.

İçinizde bir Röntgenci, kendi XXTV kameranızı geliştirdikçe, düşüncelerin sadece oluştuğunu ve sizin de onların içine girmek zorunda olmadığınız hissini hissediyorsunuz. "Hey, koca burun," diye sakın bağırmayın, aklınızdan geçen renkli kalabalığı tam bir tarafsızlıkla sadece izleyin.

Bilinçli Nefes Alma

Bilinçli nefes almak çok basittir ama güçlü bir etkisi vardır. Artarak tembelleşen ve dikkatsizleşen Siktir Et uygulayıcıları için, aslında yapılacak ya da düşünülecek çok da şey yok.

Nefes alma, üzerinde oynayabileceğiniz harika bir şeydir. Birçoğumuz için nefes almak düşünülecek ve düşünmek zorunda olduğumuz bir şey değildir. Doğduğumuz zaman zor ve acı veren ilk birkaç nefesten sonra, hayatımızın geri kalan kısmında düşünmeden kolayca nefes alırız.

Eğer astım ya da akciğer sorunumuz varsa, nefes alma konusunda çok bilinçleneceğiz. Fakat birçok insan için, nefes alma hakkında düşündükleri tek zaman hasta oldukları ve annelerinin, başını dizlerinin arasına koy ve derin derin nefes al, dedikleri zamanlardır.

Nefes alma, kalbimizin kan pompalaması, oksijen ve karbondioksit değişimi, hücrelerin yenilenmesi, besinlerin sindirilmesi, toksinlerin atılması ve asit ve bazların dengesi gibi vücudumuzun inanılmaz otomatik işlevlerinden biridir.

Vücudumuz biz olmadan kendi işini görür ve bu işi çok da iyi halleder. Bir aylağın sabah kalkması ve yapılacaklar listesini kontrol etmesi gibi bir şeydir.

- Nefes alma? Yapıldı.
- Kalbin atması? Yapıldı.
- Doğru hormonların salgılanması? Yapıldı.
- Oksijen karbondioksit oranı 2:1? Yapıldı.
- pH seviyesi 8,5? Yapıldı.
- Hücrelerin %20'sinin yenilenmesi? Yapıldı.

- Beynin sağ tarafını çalıştırma? Yapıldı.
- Gün boyunca endişelenmek için adrenalin salgılanması? Yapıldı.

İşte anlatmak istediğim önemli nokta budur. Her zaman otomatik olarak işleyen bu sayısız işlevlerden nefes almanın üzerinde rahatlıkla oynayabilir ve nefes alış verişimizi değiştirebiliriz.

Eğer kafanıza koyduysanız, kalp atışlarınızı da yavaşlatabilirsiniz, fakat bunu yapmak o kadar kolay değildir. Neredeyseniz orada otururken ve bu kitabı okurken, daha derin veya hızlı nefes alabilir ya da nefesinizi tutabilirsiniz. Nefesinizle yaptığınız her bilinçli hareket vücudunuz ve aklınız üzerinde etki yaratır.

İşte bu yüzden Bilinçli Nefes Alma harikadır.

Şimdi oturup birkaç dakikalığına derin ve bilinçli bir şekilde nefes alırsanız, kendinizi daha rahat hissedeceksiniz ve bir takım şeyler vücudunuzda meydana gelmeye başlayacaktır. Mesela,

- Kalp atışlarınız yavaşlayacak.
- İç organlarınıza daha çok kan göndereceksiniz.
- Hücrelerinize daha çok oksijen göndereceksiniz.
- Daha az adrenalin salgılayacaksınız, böylece çok çalışan böbreklerinizdeki baskıyı hafifleteceksiniz.
- Her hücrenize "Tamam, rahatla biraz, her şey yolunda," mesajını göndereceksiniz.

Bilinçli Nefes Alma'nın iki yönü vardır: Şuan nasıl nefes aldığınızın farkında olmak ve bilinçli olarak nefes alışınızı değiştirmek.

Nasıl nefes aldığınızın farkında olmak nefesinizi tanımanızı sağlar. Bunu yaparak bu işe başlamak iyi bir fikir. Nefes almanız hakkında düşünmeye başlar başlamaz, nefesiniz biraz değişir. Gözlemlemediğinizde nefesinizin nasıl olduğunu kestirebilmek oldukça zordur. Gözlemlemediğiniz zaman saklanabileceğiniz ve nefes alışınızı gözetleyecek karanlık bir gardırop yoktur. Ne kadar küçük bir boşluktan baksanız da akciğeriniz her zaman sizin gardıropta olduğunuzu bilir.

Haydi, deneyin. Ağzınızdan ya da burnunuzdan giren nefesin nasıl olduğunu fark edin. Nefes alırken neyin harekete geçtiğini fark edin. Nefesi göğsünüze mi karnınıza mı alıyorsunuz? Hızlı mı yavaş mı nefes alıyorsunuz? Nefes alışın etkilerini vücudunuzun başka yerlerinde de hissedebiliyor musunuz? Ellerinize yoğunlaşın, nefes alıp verirken ellerinizde herhangi bir şey meydana geliyor mu?

Rahatladığınızda nasıl nefes aldığınızı fark edin. Sevgilinizleyken ya da büyük bir iş toplantısında nasıl nefes aldığınızın farkına varın. Nefesinizi, nefesinizin nasıl çalıştığını ve nasıl değiştiğini tanıyın. Kendi nefes alış şeklinizi öğrenmeye başlayın. Bütün bunlar Bilinçli Nefes Alma'nın ilk kısmıdır.

İkinci kısmı ise nefesinizle oynamaktır, yani nefes alma şeklinizi değiştirip vücudunuzda ne olduğunu gözlemlemektir. Nefes almanın nasıl işlediği konusunda biraz da olsun bilgilenmek gerekir.

Nefes alma bir şeyleri içeriye almak ve genişlemektir. Oksijeni ve enerjiyi içimize alırız ve vücudumuz bunlarla birlikte genişler. Göğsümüz ve karnımız genişler. Nefesinizi ve vücudunuzu gerçekten tanıdığınızda, vücudunuzun her bölümünün genişlediğini hissedersiniz, bu da her hücrenin genişlemesinin sonucudur.

Nefes verme, bir şeyleri dışarıya göndermek ve rahatlamaktır. Nefes verdiğimizde, vücuttaki karbondioksiti dışarıya veririz. Nefes verdiğimizde bütün vücut yumuşar, rahatlar ve birazcık düşer.

"Enerji" kelimesine bir bakalım. Enerji hakkında birçok bilgimiz var, var olmasına ama benim söyleyeceklerim hakkında en ufak bir fikriniz olmayabilir. Enerji, bir başka deyişle *chi, qi, prana,* yaşam gücü ya da yaşam enerjisi, Doğu'da çok önem verilen ama Batı'da göz ardı ettiğimiz bir şeydir.

Öncelikle, enerji var olandır, anlaşılması zor değildir. Enerji hayatta mevcuttur ve hayatın ta kendisidir. Vücudumuzda eğer hiç enerji olmazsa ölürüz. Enerji, yaşayan vücudumuzu harekete geçiren, ürperten manyetik duygu gücüdür. Çin Tıbbı, hep dengeli fiziksel bir sistem yaratmak için bu enerjinin dengelenmesi ile ilgilenir.

Şimdilik, enerji ile ilgili çok az şey biliyorsanız, vücudunuzda yeni bir şey hissetme ihtimaline ya da daha önce de hissettiğiniz bu hisse isim koymaya kendinizi tamamen hazırlayın. Bu enerji olayını en iyi saptayacağınız zaman, rahatladığınız zamandır. Bunun birinci sebebi rahatladığınız zaman enerjinin akmasıdır. İkinci sebebi ise rahat olmak size enerjiyi doğru düzgün hissetmenizi sağlayacak alan sağlar.

Size küçük bir de uyarım var ama: Kendi enerjinizi hissetmeye başlamak ciddi bir şekilde bağımlılık yaratabilir, çünkü bu his sizi muhteşem gelir. Gün ışığında banyo yapmak gibidir. Oturup vücudunuzun her yerinde hareket eden bu yaşam gücünü hissetmek sizi mest edebilir. Bu duyguya saplanabilir ve arttırmanın yollarını arayabilirsiniz. Bu bağımlılığın herhangi bir yan etkisi yoktur, her zaman hoşunuza gider.

Bu enerjiyi artırmanın en iyi yolu her şeye Siktir Et demek ve rahatça nefes almaktır.

Bilinçli Nefes Alma Siktir Et uygulayıcılarına harika bir yardımdır.

Haydi, Siktir Et Nefesini Verme'yi deneyelim. Eğer Siktir Et gerginlik yaratan şeyleri ve önemli olan şeyleri bırakmanız ile ilgiliyse, daha sonra yavaşça nefes vermeniz bu sürece yardımcı olacak en iyi yoldur. İşte nefes verme budur: İstemediğiniz şeyleri salıverirsiniz, vücudunuzun hoşuna gitmeyen atık gazları, toksinleri ve gerginlikleri dışarıya vermenizdir.

Rahatlamanın en hızlı yolu nefes vermenizi yavaşlatmaktır. Nefes verişinizi gerçekten uzatın. Vücudunuzun rahatladığını hissetmeye başlayın. Nefesinize bir de iç çekiş eklerseniz etkisini daha çok arttırabilirsiniz.

İç çekme kendi başına harika bir yoldur. Zor ve yorucu bir işin sonunda iç çekersiniz. İşinizi bitirip, kendinize bir bardak viski doldurur ve *Poldark* dizisinin bir bölümünü izlemek üzere koltuğunuza yayıldığınızda iç çekersiniz. İç çekmek, vücudunuza "İşte bu kadar, rahatlayabilir ve gevşeyebilirsin," demektir. İç çekmek, "Siktir Et bugün olan biteni. Şimdi arkaya yaslanıp rahatlamanın zamanı," demenizin kusursuz bir yoludur.

Bütün işlerin hallolduğuna dair vücudunuzu inandırırsanız, vücudunuz da arkasına yaslanır, rahatlar, daha sonra da İÇİNİ ÇEKER. Bazı Siktir Et düşüncelerini iç çekiş nefes vermesiyle birleştirmeyi bir deneyin. Neye Siktir Et demek istediğinizi seçin hemen, Siktir Et deyin ve uzun bir iç çekiş nefesi verin. Burada size hemen bir uyarı yapım: Bunu umumi bir yerde okuyorsanız, en iyisi tek başınıza kalabileceğiniz bir yere gidene kadar bekleyin ya da daha sessizce hareket edebilirsiniz. Siktir Et kısmını mırıldanın ve daha yavaş nefes verin. Kusura bakmayın, başınızı belaya sokmak istemem.

Şöyle yazan mektuplar istemiyorum. Beni anlıyorsunuz değil mi?

Sevgili Parkin,

Şehir salonunda gayet sıkıcı orkestra resitali olan Brahms'ın Beşinci Konçertosu boyunca kitabınızı okuyordum ve özenle ve sebat ederek Siktir Et nefes egzersizlerini yaptım, daha sonra "Bayan Thrimble'ın iri göğüslerini uzun uzun süzen kocama Siktir Et," dedim ve önerdiğiniz gibi uzun bir iç çekişle nefes verdim. Uzun lafın kısası, Thricket Windon'ın nazik sosyal toplantılarından men edildim ki bu da benim gibi bir kadın için ölümcül bir yaradır.

Hayır, bu tür mektuplar istemiyorum.

Bilesiniz ve lafı gelir diye söylüyorum. Ben sizden şöyle mektuplar bekliyorum.

Sevgili Parkin,

Yazdıklarınızı büyük bir şevkle okudum ve söylediklerinizin hepsi benliğimi sarıp beni cezp etti. Gelecek çarşamba akşamı The Pimple and Shard'da sizinle görüşelim desem çok mu cesurca davranmış olurum? Merak etmeyin, beni hemen tanırsınız: İri göğüslerimi saran elbisemin yakasına kırmızı bir gül takacağım.

Sevgilerle

Hilary Thrimble

Sadece bilesiniz diye yazdım.

Evet, öhöm, nefes almaya geri dönelim. Nerede kalmıştık? Tamam, Siktir Et Nefes Verişi.

Haydi, deneyin.

"Ağrıyan sırtıma Siktir Et derim." Daha sonra iç çekin ve nefes verin.

"Bela patronuma Siktir Et derim." Daha sonra iç çekin ve nefes verin. Buna benzer.

Ne zaman bir şeyler çok önemliyse, ne zaman kendini gergin, endişeli ve korkmuş hissediyorsanız, sadece Siktir Et deyin, iç çekin ve nefes verin. İlaç gibi hemen iyileştirir sizi.

Fakat Siktir Et Nefes Alışı'nı da unutmayalım. Siktir Et Nefes Verişi boş verme, rahatlama ve bir şeylere hayır deme ile alakalı iken, Siktir Et Nefes Alışı enerjiyi ve gücü içine çekme ve bir şeylere evet demekle ilgilidir.

Siktir Et Nefes Alışı istediğin şeyi yapmak için enerjiyi içine çekmek ile alakalıdır ve Siktir Et hayatını sürmede oyunun yarısıdır. Masandan kalkıp, gidip yeni seksi muhasebecinizle konuşmak istiyorsanız, derin bir nefes alın, Siktir Et deyin ve gidin konuşun.

Seyahate çıkmak istiyorsanız, derin bir nefes alın, Siktir Et deyin, istifanızı verin ve uçak biletlerinizi ayırtın. Sıkıcı bir ilişkiden bıktıysanız, derin bir nefes alın, Siktir Et deyin ve o ilişkiyi bitirin. Bugün.

Enerji terimleriyle anlatmak gerekirse, Siktir Et Nefes Verişi rahatlatıcı, yumuşak ve boş verici ying'dir.

Siktir Et Nefes Alışı ise enerji dolu, hevesli ve kapsayıcı yang'dir.

Taoizm hakkında bilginiz varsa, bu dünyada uyumlu bir şekilde yaşamak için yang ve yin'in dengesine ihtiyacınız olduğunu bilirsiniz.

Birçoğumuz için sorun olan şey iyi bir yang ve iyi bir ying hayatının arasında bir yerlerde yaşıyor olmamızdır. Böylece bir şeyler için yeteri kadar uğraşmıyoruz, hayatı elimizden geldiği kadar şevkle kucaklamıyoruz. Yeteri kadar rahatlayamıyor ve boş veremiyoruz.

Her şeyin nefes alış verişimizde tekrarlandığı gibi bu da nefes alışımızda tekrarlanır. Birinin nefes alışına ve verişine baktığınızda, ikisinin de gayet benzer olduğunu görebilirsiniz. Oysa Siktir Et Nefes Alışı enerjiyle doludur. Deneyin, enerjiyi içinize çekin ve vücudunuzu enerjiyle doldurun. Siktir Et Nefes Verişi tam tersidir.

Havayı dışarı vermeye çabalamanıza hiç gerek yoktur, sadece boş verin ve rahatlayın.

Bu iki nefes birbirinden hiç de farklı değildir. Her biri Siktir Et yaşamını sürmenin iki tarafını sizlere sunuyor. Bu şekilde nefes almayı deneyin. Enerjinin aktif biçimde içe çekiminin yani Siktir Et Nefes Alışı'nın tadını çıkarın. Tamamen pasif biçimde boş verişin yani Siktir Et Nefes Verişi'nin tadını çıkarın. Çok geçmeden bunların hayatınız üzerinde nasıl etkisi olduğunu anlamaya başlayacaksınız.

Kendinize hayatta gerçekten başkaları ne düşünürse düşünsün istediğiniz şeyi yapmaya gayret etmek için Siktir Et Nefes Alışı'nın Siktir Et enerjisini vereceksiniz.

Kendinize sizi hayal kırıklığına uğratan ve rahatsız eden şeyleri umursamamak için Siktir Et Nefes Verişi'nin Siktir Et gücünü vereceksiniz.

Şimdi hayatımızın belirli kısımlarına nasıl Siktir Et diyebileceğimize bir bakalım.

3. Bölüm

Siktir Et Demek

Yiyecekleri Siktir Edin.

Birleşmiş Milletler'deki obezite hakkında geçenlerde bir yazı okudum. Görünüşe göre nüfusun %99'u obez. %1'lik dilime giren obez olmayan insanlar Los Angeles'ta yaşayan, televizyondaki ve filmlerdeki aktörler. Yani eğer bir filmde oynayamıyorsanız, demek ki şişmansınız. Bu da tabii ki evde bazı sorunlar yaratıyor:

"Chuck, yine mi pasta yiyorsun sen?"

"Hayır, Joline, ben tarçınlı ve kremalı pasta yer miyim hiç! Hayır, yemem."

Yemek aslında gelişmiş ülkelerin sorunudur. (Yiyecek yemeğin olmaması tabii ki gelişmekte olan ülkelerin daha büyük sorunudur, fakat...) Eğer kilo problemiyle savaşmıyorsak, o zaman doğru şeyleri yemek için savaşıyoruz: Binlerce hoşgörüsüzlük, alerji ve her taraftan gelen değişik öneriler.

Son yıllarda süpermarketler, olması gerektiğini düşündüğünüz şeyleri içermeyen dizi dizi yiyecekler sunuyor ve bizler de aşağıda sıraladığım şeyleri yemiş oluyoruz:

- Glütensiz makarna
- Kakaosuz çikolata
- Kafeinsiz kahve
- Şekersiz tatlandırıcı
- Unsuz ekmek
- Sütsüz dondurma
- Şekersiz kek
- Yağsız bisküvi
- Etsiz sosis ve hamburgerler

Bütün bunlar o kadar komik ki! Ben de şimdi şu kelimeyi söylemek için sabırsızlanıyorum: YİYECEKSİZ. Yiyeceksiz lazanya, yiyeceksiz pizza, yiyeceksiz tiramisuyu yemeyi dört gözle bekliyorum. Eminim çok beğenilecek. Bazı yiyecekler yememeleri gereken ama yemeden de duramayan insanlar için glütensiz, şekersiz zırvalıkları gibi, yiyeceksiz çizgisi de yemek yemeyen ya da az yiyen, fakat süpermarketten yiyecek almadan duramayan, torbayı açıp yiyecekleri alıp daha sonra da çarçur eden insanlar için tasarlanmıştır.

Yiyeceksiz lazanya benim favorim. İçinde bir de mikrodalgada kullanılabilir kap var. Çatalla plastik kapağı açıyor, birkaç dakikalığına mikrodalgaya atıyorsunuz ve işte hazır. Kapağı sıyırıyorsunuz ve içinde sadece lazanyanın kazınmış artıkları var. Hemen çöp kutusuna atıyorsunuz ve kendinizi sanki yemeğinizi yemiş gibi rahat hissediyorsunuz.

Aç kalma ile ilgili sorunu anlıyorsunuz değil mi? Metroda yanınızda oturan yolcuları öldürüp yiyecek kadar açsınız ama hiçbir şey yemiyorsunuz.

Biraz da olsun yemek yemekten vazgeçtiğimizde boş zamanımız çoğalır. Bu boş zamanlarda ne yapacağımızı bilemeyiz ve bu boş zamanları yemediğimiz yiyecekleri düşünerek geçiririz. Bir tabağa ketçap bulaştırın ve onu yıkayın, açlığınızın geçtiğini göreceksiniz.

Ee, bütün bu şakaların nedeni ne diye sorarsanız şöyle açıklamak isterim: Çünkü yemek yemek hakkındaki düşüncelerimiz bizi yer bitirir ve ben de bunu çok komik buluyorum. Öyle ya da böyle yemek yemekle alakalı çok şey düşünüyoruz. Ben bir erkek olarak yemek yemek hakkında çok düşünüyorum. Belki de bu konuda kadın gibi düşünen bir erkeğim. Ama siz yiyecek hakkında kadınların erkeklerden daha çok düşündüklerini duyarsınız hep.

Her 10 saniyede bir seks hakkında düşünürsek, bence kalan her saniyenin 7'sinde de yiyecek hakkında düşünüyoruz. Bunları hesaba katarsak, beynimizin başka bir iş yapabilmesi gerçekten çok şaşırtıcı değil mi?

Bununla dalga geçiyorum, çünkü bu Siktir Et yönündeki ilk adım. Yiyecekle olan saplantımız inanılmaz ve çok eğlenceli. Her ne kadar birçoğumuz bunu reddetse de yemek, aşk ve seks gibi bizim için anlam ifade eden alanların en büyüğü. Bizim için önemli olan şeylerin listesini yapın deseler, yemek yemeyi belki de eklemeyiz. Fakat genellikle en çok önem verdiğimiz şeylerden biridir. O zaman, ilk önce, yiyecek hakkında bilinçlenmeliyiz. Yiyeceği ne kadar düşündüğünüzün farkına varmaya başlayın. Yemek yemek hakkında düşündüğünüzde neler olup bittiğini fark edin. Yemek yediğinizde nasıl olduğunuzu fark edin. Yemeniz gereken güzel bir yiyeceği yediğinizde nasıl hissettiğinizi fark edin. Yememeniz gereken kötü bir yiyeceği yediğinizde nasıl hissettiğinizi fark edin. Son derece iyi ve son derece kötü yiyecekleri yiyen başka insanları gördüğünüzde nasıl olduğunuzu fark edin. Nasıl hissettiğinizi fark etmenizi sürekli söylediğimde nasıl hissettiğinizi fark edin. Neyse, yemek yemenin sizin için ne kadar önemli olduğu hakkında fikir edinmekle başlayın.

Daha sonra, yiyecek konusunda nasıl olduğunuza içinizden kıkır kıkır gülün. Yoksa ağlarsınız. Birçok sebepten dolayı yemek yemek bizim için çok önemlidir. İlk olarak, en iyi rahatlatıcıdır. Herhangi bir şey hakkında rahat değilseniz, biraz çikolata, bisküvi ya da kekten daha rahatlatıcısı yoktur. Son günlerde birçoğumuz kendimizi hiç rahat hissetmiyoruz, ama bu duygularla da yüzleşmek istemiyoruz.

Enerji dalgası ve mutluluk hissi vermesinin (Mesela çikolata yediğimizde seratonin salgılanır) yanı sıra yiyecek sizi doyurur. Doyarız, böylece daha fazla yiyemeyiz. Hasta olana kadar doyarız. Doyarız, çünkü ne kadar doyarsak o kadar az hissederiz. Eğer kendimizi kötü hissediyorsak, "hissetmek" isteyeceğimiz en son şeydir. Duygusuzlaşana kadar içimizi doldururuz. Başka bir şeye midemizde yer kalmaz.

İkinci olarak, yiyecek sağlığımızı etkiler. Birçok durum ve hastalık ağırlıklı olarak yediğimiz yiyeceklerden kaynaklanır. Modern bir beslenme biçimiyle, vücudumuz çok asidikleşir ve hastalığın gelişme alanı oluşur. Bu ya da şu "iyi" yiyeceği yemeye çalışmamız ve diğer yiyecekleri yemeyi kısmamız şaşılacak bir şey değil. Hastaysanız ve beslenme şeklinizle hastalığınızı yenmeye çalışıyorsanız, glütensiz, şekersiz, sütsüz, tuzsuz, etsiz ve şüphesiz daha neşesiz bir oda köşesinde kendinizi bulabilirsiniz.

Üçüncü olarak, yiyecek vücut şeklinizi etkiler. Görünüşe göre yiyeceğin pozitif ve hemen rahatlatıcı etkisi gibi olmayan, kiloların alınmasının negatif etkisi ertelenmiş gecikmeli etkisidir, hemen gerçekleşmez. Haftalar boyunca birçok şey yiyebilirsiniz ve bu yemenin vücudunuzdaki etkisi kısmen yavaş ama kesindir.

Eğer çok şey yerseniz, kilo alırsınız, zaten biz de bunun korkusuyla yaşamaz mıyız? Şişmanladıkça, sürekli daha az yeme çabalarıyla günümüz geçer. Yiyecekle savaşmada, zaman kavramı daima canınıza okur. Domuz gibi yerken, zevk hemen acı sonra gelir. Daha az yemeye çalıştığınızda ise acı hemen, zevk sonra gelir.

Yiyecekler hakkında neyi sevdiğinizi anladığınızda, Siktir Et'i mırıldanmanın tam zamanıdır.

Siktir Et her şeyi olduğu gibi kabul etmekle alakalıdır. Yiyeceklerle aranızın nasıl olduğunu kabul etmekle başlamak sizi nasıl hissettirecek? Savaştığınız şey yanlış şeyleri yemekle ya da çok fazla yemekle, daha sonra da bu konu hakkında kendinizi kötü hissetmek ile alakalıdır. Bir dahaki sefere tıkınırken, kendinizi suçlamamayı deneyin. "Siktir Et, ne kadar uğraşsam da her zaman bunu yapıyorum, napayım bu huyumu da böyle kabul edebilirim," deyin.

Hatta o seçim zamanlarında bile. Kendinizi kötü hissettiğiniz, rejimi bozup bozmamakta ve kendinize verdiğiniz sözü tutup tutmamakta savaş verdiğiniz zamanlarda... Sadece üstünüzdeki baskıyı atın. Siktir Et deyin veya yiyip kabullenin ya da yemeyip hayatınıza devam edin. Fakat bunu ölüm kalım meselesi haline dönüştürmeyin.

Yiyeceği bu kadar önemli hale getirmekten vazgeçin. İşinizi kaybettiyseniz ve kız arkadaşınız sizi terk ettiyse, çikolata yiyin. Avuç dolusu çikolata alabileceğiniz bir çikolata fabrikasına gidin ve çikolataların hepsini ağzınıza basın. Daha soğumamış olan çikolataları bile silip süpürün.

Eminim kendinizi daha iyi hissedeceksiniz ve daha iyi hissetmek güzeldir.

Siktir Edin ve yemek yemeyi bu kadar önemli hale getirmekten vazgeçin.

Belki de biliyorsunuz ki rahat-sızlık rahatınızın olmayışıyla, gergin oluşunuzla alakalıdır. Doğru ve yanlış yiyecekleri yeme konusundaki gerginliğiniz ağzınıza soktuğunuz her şey gibi rahatsızlığınıza daha büyük etki yaratabilir.

Bunu göstermek için beyaz bir ceket giyip deney yapmak isterim. Laboratuvarımda aynı sağlık koşullarında olan iki insan var. Hastalığın birine yiyeceklerin neden olduğuna inanıyorlar. Onları transa sokuyor ve aynı yiyecekleri veriyorum.

Birinci kişiye, adını bilmediğimiz için Birinci olsun adı, çikolatalı ekler (Hatırlamıyor olabilirsiniz, ekler 1970'lerde kalmış olabilir, sosisli gibi bir şey ama çikolata ve kremayla yapılmış pastadır) verilir. Bu yiyeceğin onu hemen çok iyi hissettireceği, hatta hastalığını iyileştireceği söylenir. (Unutmayın, transta)

İkinci kişiye, ona karışıklık olmasın diye B diyelim, az işlenmiş fındıklı ve çekirdekli salata verilir. Bu yiyeceği çok seveceğini, çünkü çok lezzetli olduğunu ama sağlığı üzerinde şüphesiz olumsuz etkisi olduğu söylenir.

Birinci ve B bipleyen şeylerle ve kadranlarla dolu birçok makineye bağlanır, yiyeceklerini yerken biz de onları gözlemleriz.

Birinci tamamen rahat, fakat durumunu hemen etkilemesi gereken bir şeyi yemektedir. Ama makinelerden ne bip sesi gelir ne de kadranlar döner.

B çok gergin ve salatasını yerken "mmmm" sesleri gelir. Ağız dolusu yedikten tam sonra, bir şeyler bipler ve kadranlar döner, durumu hemen kötüleşir.

Yiyeceklerini bitirdikten sonra Birinci B'yi 6 saat boyunca gözlemleriz ve sonuçlar aynıdır:

- Birinci'nin çikolatalı ekleri bitirmesi durumunda hiçbir değişiklik yaratmamıştır. Aklı tamamen beklenen fiziksel tepkileri engellemiştir.

- B'nin sağlıklı fındıklı salatasını bitirmesi onu hasta etmiştir.

Görüyor musunuz? İşte bu bilimdir. Beyaz bir ceket giyiyorum ve bir şeyler bipliyor, doğrudur kesin.

Fakat ekmeğe karşı koymaya çalıştığınız ve korka korka kendinizi perişan ettiğiniz zaman, bağırsaklarınızın durumunun azar azar daha da kötüleşeceğini düşünmelisiniz.

Evet, vücut şekli bir insan için çok önemli olabilir. Diyetler ve hiç de doğru olmayan etkileri hakkında çok şeyler yazılıp çizildi. İnsanlar diyetleri, diyetlerin yenilmemesi gereken yiyecekleri tükettikleri gibi büyük bir istekle tüketiyorlar.

Peki, şimdi ise diyete Siktir Et demenin tam zamanı.

Diyet kitapları tamamen saçmalıktır, ağaçların boşu boşuna tüketimidir. Bu yüzden bütün diyet kitaplarını çöp tenekelerine atın ve bir ağaç dikin. Aslında bir meyve ağacı dikip meyvelerini yiyebilirsiniz. Hem kilo vermiş olursunuz hem de dünyaya bir katkınız olur.

Asıl sorunun kaynağı, insan sağlığını çevreleyen gerginliktir.

Bu sebeple, ilk önce her şeyi olduğu gibi kabul edin. Belki biraz balıketlisiniz, belki de biraz şişkosunuzdur, fakat her nasılsanız kendinizi öyle kabul edin. En azından üç beş dakika... Daha sonra da kendinizi olduğu gibi kabul edene kadar kendinizden nefret ettiğiniz duruma birkaç dakika daha dönün. Fakat deneyin.

Yeme alışkanlıklarınızı olduğu gibi kabul edin. Yemek yemenin sizin için atlıkarıncaya binmek gibi olduğunu biliyorsunuz. Sonunu kontrol edemiyorsunuz. Az yemeye çalıştıktan sonra, kendinizi kaybediyor ve bir raf dolusu bisküvi yiyorsunuz.(Buradaki raf market rafı, mutfağınızdaki raf değil.)

Dünya üzerindeki diğer insanlar gibi, öyle ya da böyle hapı yuttuğunuzu kabul etmeniz size çok şey kazandıracak. Duygusal sorunlarınız, sinirleriniz, gerginlikleriniz, korkularınız ve eksik özgüveniniz olabilir. Her ne ise sizi aşağı çeken bir şeyler var, hayatla ve kendinizle uzlaşıp mutlu olamıyorsunuz ve yemek size bütün bu sorunlardan kaçmak için iyi bir yol gibi geliyor.

Birçoğumuz için öyle. Birçoğumuz da bunu kabul etmiyor. Lütfen, "birçoğumuz" kelimesine dikkat edin, yani yalnız değilsiniz. Siz de hapı yutanlardansınız. Evet, çünkü insansınız.

Bütün bu kabullenişler sizi çok rahatlatacak. Diyetinize Siktir Et deyin. Karşı sesler çıkmaya başladığında da Siktir Et deyin. Siktir Et deyip, canı gönülden yemek istediklerinizi yemeye ne dersiniz? Yedikten sonra eğer kötü hissederseniz, Siktir Et deyin. Kendinizi olayların akışına bırakın ve ne olacak görün. Eğer biraz kilo alırsanız, Siktir Et deyin.

Yiyecek hakkındaki sorunlarınızın üstesinden gelmeye başlayacağınıza bahse girerim.

Her ne istiyorsanız onu yediğinizde bütün bir doğum günü pastasını tek seferde ağzınıza tıkmak zorunda kalmayacaksınız, çünkü ne zaman isterseniz o zaman tekrar yiyebileceğinizi biliyorsunuz.

Benim iddiam "iyi" ve "kötü" yiyecekler hakkında gerilmeden, "iyi" olduğunu düşündüğünüz, ama yemekten çekindiğiniz yiyecekleri yemek isteyeceğinizdir. Bu yiyecekleri aslında yemeyi ne kadar çok sevdiğinizi anlayacaksınız. Fakat onları "iyi" yiyecek olarak düşünmeye başlamayın, canınız ne çekiyorsa onu yiyin ve gerisini boş verin. İddia ediyorum ki kilo vermeye de başlayacaksınız.

Hâlâ Siktir Et diyorsanız, çok da umursamamalısınız. Kilo almanız pek de umurunuzda değil ise kilo vermenizi de umursamamalısınız. Ayaklarınızın altındaki tartı aletine bakarken, gülümseyin. Fakat hâlâ Siktir Et diyebilir ve bunu kutlamak için kendinizi çikolatayla ödüllendirebilirsiniz.

Diyetinizi Siktir Edin ve Siktir Et demeye başlayın. Her şeyi ve kendinizi olduğu gibi kabullenin, çünkü her şey olduğu gibi yolunda. Haydi, yemek yiyip vücut şeklinizi kafanıza takmayın. Uzun zamandır bu zen arkadaşların ne uğruna kendilerini inzivaya çektiklerine bir dikkat edin: Bir şeye olan isteğinizi kaybettiğiniz an, onu tekrar elde etmeye başladığınız andır.

İlişkilerinize Siktir Et Deyin.

İşte böylece geldik mayın tarlasına. Nasıl Siktir Et diyeceğinizi anlamanız gereken yaşamınızın en zor alanı budur. Neden böyle olduğunu haydi görelim.

İlişkiler sizin anlam şehrinizin en önemli ve işlek kavşağıdır. İlişkiler her şeyin meydana geldiği, hareketlendiği, dikkatinizin odaklandığı ve çarpışmaların yaşandığı yerdir. Anlam şehrinizin diğer alanları daha kolay tahmin edilebilir: İşiniz, arkadaşlarınız, sağlığınız vs. vs.

Fakat söz konusu ilişkilerse, önemli olan şey gerçekten önemlidir. İlişkilerin önemi, en dip köşelerimizi etkilemesidir. İlişkimiz bizi anlatır. İlişkimiz dışarıdaki dünyayla en yakın bağlantımızdır. Çıkarlar çok yüksektir ve her şey yatırım yapılır:

- Üzücü bir şeyler söylenirse, onu çok derin hissederiz.
- Dikkate alınmadığımızı hissettiğimizde, çocuk gibi hissederiz.
- Onları, onların bizi sevdiğinden daha çok sevdiğimizi düşünürsek, kalbimiz acır.
- Bizi, bizim onları sevdiğimizden daha çok sevdiklerini düşünürsek kendimizi suçlu hissederiz.
- Başka birinden etkilenirsek, kafamız karışır.
- Onlar başka birilerinden etkilenirse kıskanırız.

Eğer yaşadığımız hayat bizim ve dışarıdaki dünya arasında bir ilişkiyle alakalıysa, eşinizle ilişkiniz, ilişkiniz için en büyük tehdittir.

Bir ilişkide kendimizi tamamıyla başarıya bağlar, başarısızlık yüzünden derin bir acı çekeriz, çünkü ilişkideki her şey çok önemlidir, acı potansiyeli de yüksektir. Birçoğumuz ilişkilerimizin hiç bitmeyen acılarını sonuna kadar yaşar. Bu demektir ki her şey çok önemli olduğu için ilişkilerin ilk gün, hafta ve ayları daha çalkantılıdır. Yıllar sonra ilişkide bir şeyler önemini yitirmeye başlar, çıkarlar azalır ve acı potansiyeli azalır.

Anlam çevreniz ilişkinizde hızla değişir. Bu genellikle âşık olmak olarak bilinir. Birine âşık olduğunuzda, hayatınızdaki öteki şeyler önemini yitirir. Bazen önemli olan tek şey âşık olduğunuz insandır. Dünya hakkındaki bütün algılarınız pencereden uçup gider. Hayatınızdaki mantık buharlaşıp yok olur. İşte bu yüzden âşık olan insanlar daha önce taptığı ailelerini terk eder, işlerini ve kariyerlerini bırakır, arkadaşlarını kaybeder, inançlarını değiştirir, giyim zevkini kaybeder, her zevkini kaybeder, önceden modası geçmiş diye düşündüğünüz müzikleri dinlemeye başlar.

Aşk insanları komik duruma düşürür. Sırf bu etki için sayısız şarkı yazılmıştır. Aşk kendinizden başkasına değer vermek, bağlanmak ve bağımlılık olduğu için, romantik aşk, Siktir Et yaşam tarzına meydan okumadır. Başkasına değer vermek, bağlanmak ve bağımlılık birini sevmenin parçasıdır diye düşünürüz.

Siktir Et demenin bazı şaşırtıcı sonuçları olabilir. Sorun şu ki bir ilişkide Siktir Et'in nasıl bir etkisi olabileceğini anlamak çok zordur. Eşiniz çıkıp gelse ve size o kadar da bağlı olmadığını ve sizi dünyasının merkezine koymadığını söylese, bunun neresi iyi olurdu? İlişkilerde bağlılık ve bağımlılık zırvalarına hepimiz çok bayılırız.

Hiç indirgemeci aşk oyununu oynadınız mı?

Bu oyun aynen şöyledir:

"Çok şişman olsam da beni yine sever misin?" "Evet, tabii ki."

"Bir kazada yaralansam ve iz kalsa da beni yine sever misin?" "Evet, tabii ki."

"Ayaklarım olmasa da beni yine sever misin?" "Evet, tabii ki."

"Kollarım olmasa da beni yine sever misin?" "Evet, tabii ki."

"Göremesem de beni yine sever misin?" "Evet, tabii ki"

"Duyamasam da beni yine sever misin?" "Evet, tabii ki."

"Dişlerim olmasa da beni yine sever misin?" "Evet, tabii ki."

"Düşünemesem de, bitkisel hayatta olsam da beni yine sever misin?" "Iıı, evet, tabii ki."

"Ölsem de beni yine sever misin?" "Evet, tabii ki, hayatım."

"Peki, sonsuza dek?" "Evet, senin için, sonsuza dek, hayatım."

Çok eğlenceli bir oyun, hem de çok etkileyici. Eğer her şeye evet derseniz işiniz kolay, fakat karşınızdakinin sorduğu ne? "Yok olsam da beni yine sever misin? O zaman da sever misin beni?" Evet, bu birazcık baskı oluyor: "Evet, bu dünyada olmasan bile, her şekilde severim seni."

Aşkta isteklerimiz hiç bitmez. Bütün ilgiyi sonuna kadar isteriz. Mükemmel olmak isteriz. Her şeyimizi bu arzuların içine atarız.

İşte bu bağlılık, bağımlılıktır ve acının en belirgin davetiyesidir.

Siktir Et deme ihtimali iki boyutlu insanların hikâyesi gibidir. İnsanların iki boyutlu bir dünyada yaşadığını hayal edin. Hiçbir şeyin üç boyutu yok, hepsi çizgi ve gölgeden ibaret. Bu insanlar üç boyutlu dünyayı algılayamazlar. Üç boyutlu şeyler onları aşar. Açıklasanız bile anlamayacaklardır. Bu yeni dünyaya alın götürün onları.

Bir süreliğine bırakın yaşasınlar bu yeni dünyada. Hemen anlayacaklardır zaten iki boyutlu dünyaya kıyasla üç boyutlunun ne kadar inanılmaz olduğunu.

İşte o an bir şeylere Siktir Et demeye başlamanın zamanıdır. Özellikle ilişkilerde. Birine aşkla bağlı olduğunuz durumlarda, daha az bağlı hissetmenin bir şeyleri nasıl iyiye götürdüğünü anlamak çok zor. Fakat haydi, deneyelim. Birine çok âşık olduğunuz ilişkileri düşünün: Onlara sırılsıklam âşık olun (bu da sizin şimdiki ilişkiniz olsun tabii ki). Onlara bağlı olduğunuzda nasıl hissettiğinizi hatırlayın: İlgilerini ve bakışlarını sevdiğinizi... Aramalarını beklediğinizi... Her şeyden önemli olan onlarla geçirdiğiniz mutlu anları. Kötü anları da hatırlayın: Sizi ne kadar sevdiğine dair endişelerinizi... Kıskandığınızı... Birine bu kadar bağımlı olduğunuz için kendinize kızdığınızı.

Şimdi o ilişkide bir şeyler önemini yitirseydi nasıl olurdu diye düşünün. Hiçbir şeyi kişisel olarak algılamadığınızı düşünün. Sonsuza dek sürer mi diye kaygılanmadığınızı düşünün. İlişkiye ve bir diğer insanın nefesine daha az bağımlı olduğunuzu düşünün. Bütün bunların sizin için daha önemsiz olduğunu düşünün. İlişkide "sizin" tehlikede olmadığınızı düşünün.

İlginç olan şey ise: Bu, sizin o insanı daha az sevdiğiniz anlamına gelmez. Belki de bu aşkın tanımının sabırsızlanmaya başladığı yerdir, çünkü bizim ve toplumun "aşk" olarak gördüğümüz yapışık, bağlı romantik aşk, yapışkanlığını bırakırsak başka türlü bir "aşk" olabilir. Beklenmedik bir sonuçtur ama önem azaldıkça aşk artar. Deneyin, fakat bu iki boyutlu insanlar için üç boyutlu bir dünyadır.

Bunun sebebi, tabii ki, gerginlik ve rahatlamadır. Birine bağlı ve bağımlı olduğunuzda, ilişkide aşılmaz bir gerginlik yaşanır. Yaşanacak başka bir şeye yer kalmaz. Bir şeyler değiştikçe, çatırdamaya başlar, tıpkı kaynakların çatırdadığı gibi.

Her şey hakkında rahatladığınızda, ilişkinize verdikleriniz ve bağlılığınız hakkında çok rahatladığınızda, başka şeylere yer açılır. *Chi*, rahatlamış vücutta daha rahat gezinir, böylece aşk rahatlamış bir ilişkide daha sağlıklı olur. Eğer eşinizin başkasıyla kaçıp gideceğini düşünüyorsanız, Siktir Edin, elinizi sallasanız ellisi.

İlişkinizde sıkıntınız ya da gerginliğiniz neyse onu Siktir Etmenin tadına varın. Haydi, şimdi sorununuzu söyleyin. Daha sonra da Siktir Et deyin ve nasıl hissedeceğinize bir bakın. "Beni eskisi kadar çekici bulmuyor, eee, Siktir Et."

Bunun gibi.

İlişkide hangi seviyede olursanız olun, kafanızı kaldırıp bir şeylerin aslında o kadar da önemli olmadığı hissini yaşayın. Rahatlığı hissedin. Özgürlüğü hissedin. Hayatınıza devam edip hayatın seyrine bakın.

Henüz rahatlamış bir bedende gezinen enerji gibi, aşk ve

enerji benliğinize ve ilişkinize daha çok şey katabilir. Şunlar gerçekleşebilir:

- Şimdiki ilişkinize bir canlılık gelir ve başka bir seviyeye geçersiniz.
- İlişkinizin yanlış olduğunu anlar ve bırakırsınız.
- İlişkideki aşkınız daha da büyür ama aynı zamanda başkalarının sevgisini de istediğinizi fark edersiniz.

Üçüncüsü en karışık ve en değişik olanıdır. İlişkinizde artan aşkı muhafaza etmenin çok zor olduğunu düşünebilirsiniz. Daha "açık" bir ilişkiye kendiniz yönlendirebilirsiniz. Bu "kendi pastanı yemek" diye de bilinir. Bu da birçok insanda var olan daimi ve karşı istekleri tanımlar: Sonsuza dek biriyle birlikte olmak ve başka biriyle de kısa bir süreliğine mesela bir geceliğine birlikte olmak.

En zor ve tehlikeli yoldur bu. Fakat tek eşli ilişkiler acaba kolay ve güvenli midir?

Bu fikir sizi korkuttuysa, Siktir Et deyin ve hayatınıza devam edin. Bir gün bir kaçamak yaşamak istersiniz belki, daha sonra da gelir bunları tekrar okursunuz.

Bütün Hastalık ve Rahatsızlıklara Siktir Et Deyin.

Birçok insan hastalıklarına ve rahatsızlıklarına çare bulmak için alternatif tıbba ve ruhani yollara yöneldi. Onları ya bilindik ilaçlar iyileştiremedi ya da artık bu ilaçların çare olabileceğine inanmıyorlar.

Alternatif tıbbın birçok yararı var. Bir dizi şaşırtıcı tedaviden mutlaka biri sizin derdinize deva olacaktır. Sorun şu ki önerdikleri çareler çok şaşırtıcı olsa bile bir o kadar da baştan çıkarıcı. Eğer bir hastalıktan mustaripseniz, bütün listeyi deneyip büyülü bir şekilde kendinize en uygun olanı bulmanız gerekmektedir.

Bu bağlamda, bilindik ve tamamlayıcı tıp arasındaki fark hayret edici.

Tamamlayıcı tıbba olan yaklaşımın bütünsel ve tepkinin de bölümlere ayrılmış olması çok ironik. Sizin tüm dengesizliğinizi tedavi edecek 50 farklı tamamlayıcı yol var.

Fakat bilindik ilaçlar söz konusu olduğunda, yaklaşım bölümlere ayrılmış ve tepki birleştirilmiştir. Bu yüzden birçok doktor sizin hasta kısmınızı tedavi ederek "bütün" varlığınızı göz ardı eder. Eğer gözlerinizle ilgili bir rahatsızlığınız varsa göz doktoruna gidersiniz, fakat tepki aynıdır. Göz hastalığınız dünya üzerinde başka herhangi bir doktor tarafından da aynı şekilde tedavi edilir. Böylece tamamlayıcı tıp bilindik tıbbın ters çevrilmiş bir türüdür diyebiliriz.

Kronik, şiddetli hatta hafif biçimde hastaysanız, alternatif tedavileri denediğinizden emin değilim. Bu kocaman olasılık listesiyle yüzleşme zorluğunu fark ettiniz. Peki, nereden başlayacaksınız? Sizin için en uygun olanı hangisi? İşte İtalya'da tamamlayıcı tıp dünyası başka bir yolu izliyor. Daha basit ve güzel bir yol.

Bilindik tıbbın ayrıntılı planında homeopati şeklinde bütünsel ayna görüntüsü vardır. Tabii ki başka tedavi yöntemleri de vardır kanatlarda oturan, fakat insanların birçoğu kolay olanı seçer: Bilindik tıbba gider ya da homeopatik ve doğal olurlar. Homeopatik muayeneler doktora gitmek gibidir, ama ilaçları daha pahalıdır. Doktorunuzun da iyi bir bilindik tıp doktoru olma şansı da vardır. Birçok eczane küçük köylerdekiler bile homeopatik şifalar da sunar.

Bilimsel çalışmalar genel anlamda homeopatik tıpta hiçbir şeyin olmadığını gösterse bile, öyle değil, burada çok iş var. Bilindik tıpla gözü açılan insanlar için kolay ve alternatif seçenekler sunuyor. Hasta olduğunuzda tedavi bulmak için nasıl yanıp tutuştuğunuzu hatırlayın. İşte bu yanıp tutuşanlar bu alternatif yöntem dünyasını daha içten karşılayacaklardır. Bu yöntem birçok seviyede gerçekleşir.

İlk olarak, eğer durumunuz size acı, rahatsızlık ve utanç veriyorsa, bu durumunuzu çözmek için çaresizsiniz. Bir türlü uyuyamıyor ve kendinizi bütün gün yorgun hissediyorsanız, çişinizi yaparken acı hissediyorsanız, cildiniz tahriş olmuşsa, elleriniz titriyorsa, bu belirtilerden kurtulmak istiyorsunuz.

Bu sorunları çözmek için uğraşırsınız: Saçma bir şekilde katı bir diyete girer, günde bir saat rahatlama nefeslerini yapar, iğrenç kokan otlardan kaynatır, vücudunuzun hassas noktalarına 5 tane iğne yerleştirmelerine izin verir, topuklarınızı kulaklarınıza getirerek yoga pozisyonu alır ve pahalı, içinde ilaç olmayan ilaçları alırsınız.

Tamam, yaptıklarınız anlaşılabilir hatta övgüye değer. Ben de bir zamanlar o yollardan geçtim,

İkincisi ise, bizi "sağlık" gayesine sürekli çekip götüren bütünsel dünyada asıl olan bir şeyler vardır. Eğer sağlık bütünlükse, o zaman hastalık değildir. Eğer tamamen sağlık değil ve yaşamla mücadele içindeysek, bütün değiliz demektir.

Bu da taşınması gereken kocaman bir yüktür insanın omzunda. Birçoğumuz bazen hatta çoğunlukla hastayız. Evet, biliyorum, belirtiler ve hastalıklar vücudun temizlenmesini ve arınmasını sağlar ve vücut doğal olarak kendini iyileşmeye götürdüğünden hastalık vücut için yararlıdır diye düşünülür.

Fakat sonunda hepsi aynı kapıya çıkıyor: Hastalık yararlıdır, çünkü sağlığa bir son olarak görülür, sizi harekete geçirir. Tıbbın bütünsel dünyasında, bütünlüğe ve sağlığa bağlılık vardır: Ruhani yolu gösteren bütünselliktir amaç, mesela ruhani birliği amaçlayan yoga.

Nasıl olduğu işte böyledir.

Ne kadar yorucu ve sıkıcı olduğunu biliyor musunuz? Herhangi bir şeye olan bağlılığınız gibi sıkıcı ve yorucudur. Değişik başarı seviyelerini geçmek için bir yöntemden diğerine koşuşturmak çok sıkıcı ve yorucudur. Eğer bir yöntem işinize yarıyor gibi görünüyorsa, onu denemeli ve umudunuzu kaybetmemelisiniz. Daha sonra işinize yaramaz ise bunalıma girersiniz. Her tedavi yöntemi, önceden başkalarının tedavisinde kullanılmıştır, sizin için de uygun olduğu düşünülür. Size yardımcı olabilir, ama genellikle tam bir çare değildir.

Tam çare olma olasılığı vardır tabii ki. Göz kapaklarınız altındaki sıcak taşlar bükümlü ayak tırnağı hastalığınızı tedavi edebilir. Fakat ben başka bir ihtimali gözden geçirmek istiyorum.

Bazı insanlar her şeyi denemekten, her şeye tonla para ve enerjilerini harcamaktan sıkılır, bıkar ve sonunda da vazgeçerler. Sadece Siktir Et diyerek, mükemmel olmaya çalışmaktan vazgeçerler. Hâlâ eskiden olduğu gibi acı çekiyor ve rahatsızlık onları kemiriyorsa Siktir Et deyip teslim olurlar. Değişecek bir şey yoktur, o halde neden acının biteceğine dair umudun verdiği acıyı da göğüslemeliler ki?

İçinde bulundukları duruma tamamen teslim olup, acılarına boyun eğerler. Farklı olmaya çalışmaktan vazgeçip, oldukları gibi görünmeye devam ederler. Bir süredir yemekten kaçındıkları şeyleri yemeye başlayabilirler, içkiye ve sigaraya yeniden başlayabilirler. Yaptıkları şey RAHATLAMADIR. Siktir Et dediğinizde de hissedeceğiniz şey rahatlamadır.

Daha sonra ne mi olur? Olacaklar belki hemen gerçekleşmez, yani zaman geçmeden olmaz. Fakat insanlar kendilerini iyi hissetmeye başlarlar. Artık bir şeylere ihtiyaçlarının olmaması onları şaşırtır. Hep başarmak istediklerini yapınca işler daha çok yoluna girer. Bundan sonra artık sağlıkları hakkında çok kaygılanmazlar ve çok sağlıklı olsalar bile artık bu durumu çok da önemsemezler.

Burada Siktir Et demenin doğal yolu olan doğal bir süreci anlatmak istiyorum:

Bu sözleri okurken de sıkılıp, bıkıp kitabı okumaktan vazgeçme olasılığınız var. Sağlığınızı gizlice umursayıp, bunun da bir sır ve iyileşmek için bir yöntem olduğunu düşünüp tanrıları kandırmak için Siktir Et demeyin. Fakat sağlığınız hakkında endişelenmeyi bıraktığınız anda her şey değişmeye başlayacak, emin olun.

Daha az endişe duymanız ya da hiç endişe duymamanız spor ya da meditasyon, hatta akupunktur yapmayı bırakacağınız anlamına gelmez, fakat bunları yapmaktaki çaresizliğiniz ve çileniz sona erecektir.

Taze meyve ve sebzelerin tadını sevdiğim için onları çok yiyorum. Ama dondurmanın tadını da çok sevdiğim için dondurma da yiyorum.

Sağlığıma iyi gelmesi için değil de dağın yamacından bağıra bağıra iniş ve vücudumdaki fiziksel yorgunluk hissini sevdiğim için yürüyüş yapıyorum.

Meditasyon yaptığımda vücudumu enerji sarsın diye meditasyon yapıyorum, bunun bana göre kızgın olduğum vücudumu saran enerjiden bir farkı yok.

Daha sonra ne oluyor peki? Her zamanki gibi rahatlıyorum. Birçoğu gibi bir süre önce ben de rahatlamanın her derde deva olduğuna inanıyordum. Tai Chi ve Chi Kung denedim, vücudumu rahatlatmak için nefes alıp *chi* yaptım. Zihnimi kullanarak tamamen rahatlatmak için hipno-terapiyi denedim.

Rahatlamak için mevcut olan her yöntemi denedim, çünkü bir süre önce birçok insanın fark etmediği şeyi öğrendim: Tamamen rahatlama karşısında hiçbir sorunun duramayacağını, hepsinin yok olup gideceğini.

Fiziksel, zihinsel, duygusal, ruhsal sorunlar tamamen rahatlama karşısında eriyip bitecektir. Buna eminim. Yöntemleri sonuna kadar denedim ve hayatımda çok az şey değişti. Neden diye sorarsanız, çünkü hâlâ amaçlarım, bağiarım ve sayısız anlamlarım vardı hayatımda. Bunlar da bende gerginlik yaratıyordu. Anlatmak istediğim şey, sağlıklı olmak istediğinizde, en iyi rahatlama yöntemini denediğiniz ve sağlıklı olmayı bu kadar çok istemenizin de bu yöntemin işe yaramama ihtimalinin olmamasına dair sizde gerginlik yaratmasıdır. Bu yüzden, bulabileceğiniz en gelişmiş rahatlama yöntemi sağlığınızı umursamak değildir, umursamamaktır, sağlığınıza Siktir Et demektir.

İstemekten vazgeçin. O zaman her şey size gelir. (Fakat tabii ki bunu da isteyemezsiniz!)

Paraya Siktir Et Deyin.

Anlam dünyamızda paranın önemi çoktur. Bu tabii ki herkes için geçerli değildir ama genellikle:

- Çok paramız yoksa biraz olmasını ve para sıkıntımızın olmamasını isteriz.
- Faturaları ve tatil ücretlerini düşünmeyecek kadar orta halli paramız varsa, daha fazlasını ister ve daha iyi bir arabamız ya da daha geniş bir evimiz olmasını isteriz.
- Zenginsek, daha fazlasını istemeye devam ederiz, maddi olarak bağımsız olmak ya da yurtdışında yazlık evimiz olmasını isteriz.
- Çok zenginsek, paramızı kaybedeceğimizden korkarız.

Zengin değilsek, zengin olanlara kızarız, parayı oraya buraya savuranları yargılarız, "Para mutluluk getirmez," diye düşünür, parayla her şeyin satın alınamayacağını bunun çok "yakışıksız" olduğunu biliriz.

Zenginsek, paramız hakkında oldukça savunucuyuzdur, bu kadar parayı elde etmek için çok çalıştığımız bizim için çok önemlidir. Çok zengin insanlarla karşılaştırdığımızda kendimizi çok da zengin bulmayız ve çok pahalı değil de normal bir araba alarak paramızı oraya buraya savurmayız.

Zengin ya da fakir olup olmamanız fark etmez, para beraberinde sorunları da getirir. Para hakkında kendi yargılarınız ve sorunlarınız oluşur. Çok fazla paranızın olmasını etik bulmayabilir ve azıyla yetinmeyi tercih edebilirsiniz.

Peki, Siktir Edin. Para hakkında hiçbir yargınız olmasın ve her şeyi olduğu gibi kabul edin, olur mu?

Sonuçta para değiş tokuşun sadece soyut bir yoludur. Dünya ve sizin aranızdaki değiş tokuşu yapan elçidir. Elçiler hakkında ne derler bilirsiniz: Elçiye zeval olmaz.

Para sadece değiş tokuşla ilgilidir. Önerdiğiniz şey diğer insanlara göre değerliyse, karşılığında birçok şey verirler. Bu yüzden, birkaç dakikalığına hiç paranız olmadığını düşünün. Yeteri kadarınız bu kitabı okursa, karşılığında bana bir şeyler sunacak.

Şu an bahçem için çiçeklere ihtiyacım var. Ne kadar çok okuyanım olursa o kadar çok çiçeğim olur ve bir dahaki yaza bahçem çiçeklerle dolar ve çok güzel görünür. İşte zenginlik budur. Sizin beğeneceğiniz bir şeyi sunuyorum size ve karşılığında siz bana bir şeyler veriyorsunuz. Size değerli bir şey verdiğim için mutluyum ve daha önce boş olan bahçemin çiçeklerle dolu olması da beni çok sevindiriyor. Çok güzel bir şey değil mi, kirli olan ya da etik olmayan bir şey yok, değil mi?

Aynı şeyi kendinizde düşünün. Para kazanmak için ne yapıyorsanız onu yaptığınızda, dünyaya değerli bir şey sunuyorsunuz, dünya bunu değerlendirip karşılığında size bir şeyler veriyor.

Yaptıklarınızın karşılığı olarak faturalarınızı ödüyor, kıyafet alıyor, sizi yemeğe götürüyor, tatile çıkarıyor ve yeni bir araba alıyor.

Dünyayla adeta bitmek bilmeyen değer değiş tokuşu sürecindesiniz. Yaptıklarınızı ve verdiklerinizi dünya ne kadar değerlendirirse, size o kadar çok şey verir.

Ne olur biliyor musunuz, siz kendinize ne kadar çok değer

verirseniz, başkaları da buna katılır ve size o kadar değer verir.

O zaman, işe kendinize değer vermekle başlayın. L'Oréal'in reklamlarına kulak verin: Çünkü siz buna değersiniz.

Büyük ya da küçük değiş tokuş sürecinin tadına varın. Alçak gönüllü ve kendi kendine yeten biri olmaktan mutluysanız, sizin sunduklarınız karşısında dünyanın size verdiği küçük şeylerden mutlu olun.

Dışarı çıkıp dünyaya hayran olunacak bir şeyler sunmak istiyorsanız, karşılığında size verilen ilgiyi ve değeri büyük bir zevkle kabul edin.

Dünyaya, sundukları karşılığında çok şey alan insanlara kızmayın. Dünyanın ne kadar cömert olduğunu düşünerek mutlu olun.

Dünyanın size neyi vermesi gerektiği hakkında kendinizi sınırlandırmayın. Eğer insanlar bu kitabı okumaya ve karşılığında bana çiçek vermeye devam ederlerse, ben de çiçekleri kabul etmeye ve bahçemi zenginleştirmeye devam edeceğim. Karşılaşabileceğim tek problem onları sulamak için yeterli suyumun olmaması olabilir. Bu yüzden, bir şart koşmam gerekecek, yani hâlâ çiçekleri seviyor olacağım ama daha az su içenleri tercih edeceğim. Evet, özel bir kaktüs bahçesi kurabilirim. O bahçe de dolduğunda, biliyor olacağım ki resmen çok zengin oldum. Bazı para sorunlarınıza Siktir Et deyin, daha sonra parayı sadece dünyayla aranızdaki değiş tokuş ilişkisi olarak görün. Fakat paraya Siktir Et demeyi unutmayın. Para o kadar da önemli değildir, gerçekten. Para hakkındaki stresimiz hiç paramızın olmama korkusudur.

Hiç paranız olmadığında nasıl olacağını hayal edin ve bu korkuyla doğrudan yüzleşin. Bütün sahip olduklarınızı ve paranızı kaybettiğinizi düşünün. Ne yapardınız?

Bizimki gibi bir toplumda birçoğunuzun bununla nasıl başa çıkacağınızı düşündüğünüzü biliyorum. İş ararken kâr sağlamaya çalışmak zorunda kalabilirsiniz. Fakat iş bulduğunuzda, kendi dairenizi tutacak kadar paranız olur... vs. vs... Ve zamanla her şey yoluna girer.

Sahip olduğunuz her şeyi kaybettiğinizde ölmezsiniz.

Haydi, paranızı kaybetme korkusunu derinliklere gömün. Dünya sunduklarınızın karşılığında size yine değer verecek ve size bol bol hediye gönderecek. Parayla olan bağlarınızda tabii ki gerginlik mevcuttur. Daha fazlasına sahip olma bağı ya da sahip olduğunuzu kaybetmeme bağı, hepsi gerginlik kaynağıdır.

Paraya Siktir Et demek vücudunuzdaki gerginliği atar ve arkasında yumuşaklık ve rahatlık bırakır. Başka alanlarda da gördüğümüz gibi rahatlama olduğunda, bir şeyler kendiliğinden gelişir. Para dediğimiz değer değiş tokuşunda da bu kendiliğinden gelişme geçerlidir. Para konusunda rahat olduğumuzda bir şeyler doğal olarak kendiliğinden gelişir. Bu da bir şeylerin doğal olarak her iki yönde de gelişeceği anlamındadır. Elinizdeki parayı kaybetme konusunda gerginliği bırakırsanız, daha çok harcayabilir, daha çok yatırım yapabilir ve daha cömert olabilirsiniz. Bu da gelişimi devam ettirir. Böylelikle daha çok paranız olmaya başladığını görürsünüz.

Bu para teorisini sevdim ben: Parayı tedavülde tutmak. Buna rağmen eşimle bu fikri paylaşmaktan pek de memnun değilim. Eşim sık sık eve çantalar dolusu kıyafetle gelip "Parayı tedavülde tutuyorum," diyor. Ben de başımı sallayıp, kaşlarımı kaldırıp "Hı,Siktir Et ya," diyorum.

Para. Eğer paranız yoksa Siktir Et deyin ve hayatı olduğu gibi yaşayın. Birazcık paranız varsa, Siktir Et deyin ve insanların size değer vermesinin tadını çıkarın. Çok paranız varsa, Siktir Et deyin ve ne kadar harika bir insan olduğunuzu, dünyanın size ne kadar çok şey verdiğini düşünerek dünyanın ya da dünya nimetlerinin tadını çıkarın.

Hava Durumuna Siktir Et Deyin.

Her gün bize uymayan ters düşen şeylerle etrafımız çevreleniyor. Komşumuzun bahçesinde havlayan köpek, eşimizin kahvaltıda bizi umursamaması, işe giderken yoldaki trafik, son teslim tarihi yakın olan bir projenin verilmesi, ofisteki sıkıcı elemanın bizi usandırması...

Bu şeylerin bizi üzmesi hakkında kontrol gücü kullanabileceğimize inanırız: Eşimize ilgi göstermesini rica edebiliriz, işe erken çıkabilir, projeyi kabul etmeyebilir ve ofisin sıkıcı elemanına gidip başkasının canını sıkmasını söyleyebiliriz. Tuhaf bir dünyayla yaşamanın uyumlu yolu sizin canınızı sıkan ne ise onu değiştirmek ya da onu olduğu gibi kabul etmektir.

Yaşamı zorlaştıran şey ise bizi sinirlendiren şey hakkında hiçbir şey yapmamaktır ya da onu kabul etmemektir. Bu yüzden, hakkında bir şey yapmak istemediğimiz şeylerin bizi sinirlendirmesiyle günlerimizi harcarız. Birçoğumuzun da böyle bir yaşamı vardır.

Bu işlevsel değil gibi gelirse, benim hava durumu hakkında şikâyetlerde bulunmam komik bir şekilde işlevsel olmaz, çünkü bu durum, hakkında bir şey yapamayacağımız tek durumdur. En azından şimdilik değil, her neyse. Uzun süreçte, yurtdışına yerleşebilir ve kendinize farklı hava durumları alabilirsiniz, fakat şimdilik sadece bu kadar. Hava durumu hakkında şikâyet etmek bu dünyayı olduğu gibi kabul etmemenin en komik örneğidir.

İşte bu yüzden, hava durumu her nasılsa Siktir Et deyin. Özellikle İngiltere gibi bir ülkede, havayı hissedin ve rahatlayın. Gri gökyüzüne bakın ve bir kabın içinde yaşıyormuş gibi olduğunuzu düşünün. Arabanızın üstüne yağan yağmur damlalarının sesinin tadını çıkarın. Hava soğuduğunda mahallenizdeki ateşin çevresine toplaşın. Güneş çıktığında da güneşi içinize çekin.

Huzurlu Bir İnsan Olmaya Siktir Et Deyin.

Uzun zamandır sakin ve uysal biri olmak istedim. On yıl önce en çok istediğim şeylerin listesini yaptığımı hatırlıyorum. İlk başa Huzur yazmıştım. (Merak edersiniz diye söylüyorum ikincisi orijinal bir Chopper'dı.)

Huzuru aramakla yıllarımı harcadım: Her gün Chi Kung ve meditasyon yaptım, beni huzur-suz yapan konuları çözmekle uğraştım, huzurlu yaşayan insanları tanımaya çalıştım. Meditasyon yaparken özellikle Chi Kung'da çok huzur buldum. Biraz daha Chi Kung yaparsam, kendimi sonunda Chi Kung durumunda bulacaktım. (Bu durum tamamen rahatladığında ve *chi* vücuduna eşit bir şekilde aktığındaki hafif trans durumudur.)

Kendimi ulu bir dağ gibi düşündüm: Yüzeyde yumuşak zemin, derinlerde sert kayaçlar.

Kendimi Taoist bir keşiş gibi düşündüm: Naziklikle ve soğukkanlılıkla günlük etkinlikleri huzur ve dikkat içinde yerine getiren bir keşiş. Kendimi arkadaşım, her ne olursa olsun sakin ve huzurlu davranan Richard, gibi düşündüm.

Fakat ne kadar çabalarsam çabalayayım, ne kadar uğraşırsam uğraşayım ve ne kadar sorunlarıma eğilirsem eğileyim, huzura giden yolda karşıma çıkan bir engel olacak: Ben. Üç saat boyunca meditasyon yapsam bile, sonunda yine kendime dönerim.

Evet, bu benim. Tabii ki huzurlu, sakin, cömert ve nazik, odaklı ve dengeli olabilirim, fakat stresli, gergin, kızgın ve saldırgan, korkak ve sinirli, bencil ve soğuk da olabilirim. Tedavi anlamında gördüm ki "olumsuz" duyguları salıvermek çok önemliymiş. Sağlıklı bir ortamda bu duygularla yeteri kadar ilgilenirsem ve bu duyguları yeteri kadar açığa vurursam, sonunda çıkıp gideceklerini düşündüm.

Sonra bir gün anladım ki yaptığım şey annemin her zaman yaptığı benim de eleştirdiğim şeyden farksızdı. Bir Hıristiyan olarak, annem "iyi" taraflarını kutsal ve Tanrısal, "kötü" taraflarını ise günah ve şeytan işi sayardı. İnsanların kendilerine, karakterlerine baktıklarında onların nasıl şeytan işi ya da kötü olduklarını düşünebildiklerini anlamakta hep zorlanmışımdır.

Annem çok yediğinde, bunu aç gözlülük olarak sayardı. Birçoğumuz için çok yemek belki kötü bir şeydir ama annem için bir günahtı. Bu yüzden kötü tarafıyla Tanrısal, ışıklı, huzur kılıcıyla savaşmaya çalışarak hayatını geçiriyor, fakat günahın Darth Vader'ı onun için her zaman, genelde fırında pişirilmiş tavuk kanadı ya da kremalı pasta şeklinde oradadır. Bu aralıksız Hıristiyan *Yıldız Savaşları* bölümlerine cevap olarak, bütün bir insan olmanın gücünü kutladım. Erken yaşlardan itibaren her şekilde ben olmayı sevdim.

Fakat daha sonra bir şekilde huzur arayışına girdim. Evet, bir gün anladım ki keşişler gibi huzurlu olmayı istemek bendeki beni yargılamaya yönlendirdi. Kendimce rahatlamaya, huzura, cömertliğe ve kutsallığa ulaşmıştım ve stres, kızgınlık, bencillik, hata ve günaha da ulaşıyordum.

Bu yüzden, işte o anda olmadığım ben olmaya çalışmaya Siktir Et dedim. Kendimi yargılamaktan vazgeçtim. Aman Tanrım, ne büyük bir rahatlamaydı. Ne büyük bir rahatlama, bir bilseniz.

Hissettiğim her duygu olduğu gibi güzel. Sevgiyi ve huzuru hissetmek korkuyu ve endişeyi hissetmek gibi. İşte bu "kabullenme" ve "yargılamama"dır.

Şöyle diyemezsiniz: Tamam, kızgınlığım moralimi bozmayacak ama tabii ki huzurlu olmak daha iyi. Hayır. İkisi de aynı. Bu peşin hüküm vermemektir.

Kendini olduğun gibi kabul etmenin etkileyici yan etkisi vardır. Başka insanları da olduğu gibi kabul etmeye başlarsınız mesela. Belki hemen gerçekleşmez ama zaman ilerledikçe etkisini gösterecektir. Çok basit bir nedenden ötürü gerçekleşir: Ne zaman başkalarını yargılarsan, bu yargılama kendini tamamen kabul etmeyişten gelir.

İsa bu konu hakkında "Kendinizi sevdiğiniz gibi başkasını sevin," diyerek ipucu vermiştir. Şimdi, İsa'nın o zamanlar

Gestalt psikanalitik teorisinin eğitimini görmediğini biliyorum, fakat bu konuda İsa bir şeyi kaçırmış: Birçok insan kendisini hiç de sevmiyor. Kendilerini sevmedikleri için başkalarına da boktan davranıyorlar.

Kusura bakma, İsa, fakat ben şöyle desem daha iyi olmaz mı: "Kendinizi sevin, ahbaplar, daha sonra herkesi sevmeye başlayacaksınız, böylece hepimiz büyük, hippi tarzı özgür festival tipleri olup, sandaletlerimizi çıkarıp birbirimizin bıyıklarını elleriz. Huzur ve sevgi, ahbaplar."

Belki İsa gerçekten bunu demeye çalışmıştır, fakat Matthew, Mark, Luke ve John gibi sıkıcı yaşlılar iyi anlam çıkarmışlardır. Judas orada oturmuş esrarlı sigara içerken "Hey, ahbaplar, İsa'nın sevgi festivali hakkında söylediklerine ne diyorsunuz? Çok uzak değil mi?" dedi.

Matthew o anda döndü ve onu yumrukladı. Judas itiraz etti: "Lanet olsun, manyak herif, sadece bir düşünceydi." Luke kalktı ve hayâlarına tekmeleri indirdi. Judas bu dayaktan sonra sustu.

Belki de sakin ve huzurlu biri olmak istiyorsunuz. Belki de nazik ve cömert biri olmak istiyorsunuz ya da belki de acımasız ve soğuk biri olmak istiyorsunuz. Ne olmak istediğinizin sınırlarını ne zaman çizseniz, kendinizin diğer parçalarını "yanlış" olmaya sürüklüyorsunuz, yani boşa kürek sallıyorsunuz. Acımasız ve soğuk olmak isteyen bir kişi bile ara sıra kalbinde aşkı ve sıcaklığı hisseder, bu hisleri içinde barındırdığı için de kendine kızar.

İşte bu yüzden her ne olmak istiyorsanız Siktir Et deyin. Neyseniz o olun. Başka bir şeye gerek yok. Kişisel gelişime ya da ilerlemeye gerek yok. Başka biri olmaya da gerek yok.

Şimdi kimseniz ve nasıl biriyseniz hep böyle olmanız gibisi yok. Bunu kalbinizde hissedin. Sevmediğiniz taraflarınız, utandığınız yanlarınız hepsi size çok yakışıyor. En kötü tarafınız diye düşündüğünüz şeyin en iyi tarafınız diye düşündüğünüzden farkı yok.

Kızgın, gergin, kıskanç, acımasız olmanızla sakin, huzurlu, cömert ve aşk dolu olmanız aynı şeyler, çünkü bu sizsiniz. Bu benim. Bu dünyada yaşayan diğer insanlar. Başka biriymiş gibi davranmak gidip "Ben sadece buyum, o değilim. Gerçekten." isimli dine inanmaya başlamak anlamına gelir.

Bütün dinler böyledir aslında. Sadece başka bir cümle daha ekleyip canımı sıkarlar: "Ben sadece buyum, o değilim. Gerçekten. Benim olmadığımı düşündüğüm insansan yanlış yoldasın. Bu yol da seni cehenneme götürür."

Sözünü ettiğimiz şey gerçek bağlamda "bütünsel" olmaktır. Bütün bir insan olarak bizler birçok şeyiz. Aslında bütün biri olarak bizler her şeyiz. Bütün bir insan olarak hiç hissedilmemiş bütün duyguları hissediyorum. Bazen hepsini bir günde hissediyorum. Hatta hepsini sevdiğim bir dizinin bir bölümünü izlerken hissedebiliyorum.

Ebeveynliğe Siktir Et Deyin.

Eğer çocuğunuz yoksa bu bölümü geçebilirsiniz, çünkü bu bölümde anne-babalara konuşuyorum. Sıkılabilirsiniz. Çocukları olan arkadaşlarınızın sürekli çocuk bezlerinden, aşılardan, çocuğu hangi okula göndereceğinden, çocuklarının altına yaparken nasıl sevimli göründüğünden bahsetmelerinden sıkıldığınız gibi bu bölümden de sıkılabilirsiniz.

Bırakın bu bölümü okumayı da diğer bölüme geçin, lütfen. Size zor bir duruma sokmak istemem çünkü çocuğu olmayan birisi bu konuyu anlamayabilir, öyle değil mi? Anne baba olmadan önce biz de nasıl bir şey olacağını bilmiyorduk, bilmemiz de imkânsızdı.

Bütün sürecin, size çocuk sahibi olma fikrini benimsetmek için hazırlandığını görebiliyorum. Bütün bunlardan sonra, bu fikre alışmak için dokuz ayınız var, tam dokuz ayınız, hemen hemen hayatınızın bir yılı. Sizi ebeveynlik fikrine alıştıran hamileliğin birçok yönü vardır. Kadınlar her daim hastadır, böylece siz de hastalık kokusuna alışırsınız. Horlamaya başlarlar, siz de gece gece rahatsız edilmeye alışırsınız. Risk içeren hiçbir şey yapamazlar, siz de bara gitmek ya da uyuşturucu kullanmak yerine evde kalmaya, televizyon izlemeye alışırsınız. Çok şişmanlarlar, siz de odada daha az alana sahip olmaya alışırsınız.

Fakat bu dokuz ay bile sizi ebeveyn olmaya hazırlayamaz. Bizim birbirine benzemeyen ikiz çocuklarımız var, Arco ve Leone.

Doğdukları ilk gece, sabah dörtte, birinin altını bin kez değiştirdim, benim için tuhaf bir deneyimdi, çünkü kimse bana onların bir süre altlarına kaka yapmayacaklarını, erimiş çikolata yapacaklarını söylememişti. Sabahın köründe bebeğimin vücudundan kakaları temizleme rutinine ve sıradaki kaka işlemi için plastik güvenlik ağını tekrar uygulamaya alışıyordum.

Çevreme şöyle bir baktım ve "Hayır, tamamdır bu, bunu yapabilirim. Evet, yoruldum, fakat bunu yapabilirim, üstesinden gelebilirim," diye düşündüm.

Fakat sonra anladım ki bunun üstesinden bir gecede gelmek zorunda değildim. Üniversitede teslim tarihi gelmiş bir makaleyi son gece yazıp, son anda hocaya verdikten sonra gidip üç beş saat uyuyabileceğim gibi bir şey değildi bu. Sadece bir gecelik değildi. Bu gece, yarın gece ve bir sonraki gece, ondan sonraki gece...

Sızlandım.

Tam o anda oğullarımdan biri bana gülümsedi, eriyiverdim. Sonraki haftalar boyunca her şeyin harika bir dengede tasarlandığını öğrendim. Uykusuz kalmaktan cehennem gibi geçen ilk birkaç hafta, birden hayatımdaki en önemli iki mucizevî varlığa sahip olduğum cennetle kusursuzca dengelenmişti.

Ebeveynlik şaşırtıcı bir şey değildir. Çocuklarınıza duyduğunuz sevgiyi tarif etmek imkânsızdır. Daha önceki deneyimlerimin hiçbirine benzemiyor. Ne zaman çocuklarınıza baksanız bu sevgiyi hatırlıyorsunuz. Biliyorum söyleyeceklerim klişe gibi gelecek ama hakikaten doğru.

Bizim oğlanlar şimdi dört yaşında ve ben hâlâ onları merakla izliyorum. Şimdiye kadar İtalyanca konuşuyorlardı, fakat daha bu hafta biri benle İngilizce konuşmaya başladı. Her şeyi İngilizce anlatabiliyor, bir mucize gibi. Ne zaman bir şey söylese eriyip bitiyorum. Bugün geldi ve aramızda şöyle bir konuşma geçti:

"Babacım, ne yapıyorsun, babacım?"

"Kitap yazıyorum, oğlum."

"Kitap mı? Nerede peki?"

"Bunun içinde, burada."

"Bilgisayarın içinde mi?"

"Evet, bir gün gerçek bir kitap olacak."

"Görebilir miyim, babacım?"

"Tabii ki, işte burada."

"Nerede, babacım?

"İçinde, burada"

Bu hafta birçok ailenin sahip olmadığı bir hediye aldım: Çocuklarımdan biri birdenbire benim ana dilimi konuşmaya başladı. "Kedi", "köpek", "baba", "anne"... değil "Ben denize gitti, oynadı denizle, babacım." Gerçekten harika. Çocuklarım benim için çok önemli, hatta benim her şeyim onlar.

İşte konumuza geldik, anlamın acı verdiğini söyleyen, bir şeylerin göründüğü gibi önemli olmadığını anlatan ve Siktir Et demekten bahseden bir kitapta, çocuklarımızın hayatımızdaki inkâr edilemez büyük önemine geldik.

Şunu açıklığa kavuşturalım ki anlam yanlış bir şey değildir. Bazı şeylerin sizin ve benim için her zaman önemi vardır. Çocuklarınız sizin için bütün dünyadan daha çok önemli diye kötü hissetmenize gerek yok. Fakat çocuklar anlam dünyanızın içyüzünü anlamanızı sağlar. Çocuk sahibi olmanın ne demek olduğunu önceden kestirebilmek mümkün değildir, çünkü anlam dünyanızın ne kadar değişeceğini bilmek imkânsızdır.

İlk çocuğunuzu elinize aldıktan birkaç hafta sonra, çocuksuz olmanın neye benzediğini unutuverirsiniz. Çocuk yokken boş zamanlarınızda ne yaptığınızı bile hatırlayamazsınız. Daha önce üzüldüğünüz şeylere neden üzüldüğünüzü anlayamazsınız.

Çocuk sahibi olmak en büyük Bakış Açısı Makinesidir. Daha önce sizin için önemli olan şeyler, umursadığınız şeyler, dizlerinin üstüne çöker, ayaklarını sürüye sürüye özür dileyerek kapıdan çıkar ve yeni gelen üstün anlamlara saygı gösterir.

Hayatınızda her şey değişir. Anlamların karışmadığını, değiştiklerini ve farklılaştıklarını anlarız. Çocuklarımın doğumundan sonraki bir ayda, daha önce benim için çok önemli olan kariyerime Siktir Et dedim. Artık benim için hiçbir önemi yoktu. Ben de hayatımdan çıkardım.

Bu yüzden ebeveynlik doğal bir Siktir Et seviyesiyle beraber gelir. Daha önceden bizim için önemli olan şeylere doğal olarak Siktir Et deriz. Kadınlar nasıl göründüklerine, ne giydiklerine artık önem vermezler. Bir kafede omuzlarından sarkmış bol bir kazak bile giymek onları rahatsız etmez. Ünlü iş adamları çocuk bahçelerinde çocuklarını garip sesler çıkararak ve tuhaf tuhaf yüz şekilleriyle, bir aptal gibi görünerek eğlendirmeye çalışırlar.

Bir ebeveyn olmak size, hayatınızdaki eşsiz birçok şeye Siktir Et deme anlayışını kazandırır.

Fakat ebeveynliğin kendisi söz konusu olursa ne olacak?

Ebeveyn olmanın ilk aşaması her şeyin yeni ve zor olmasıdır. Çocuklara bakmak çok zor bir iştir ve bu işi öğrenmek için akşam derslerine de gitmiyorsunuz. Tek alabildiğiniz dersler doğum öncesi dersleri. Bu dersler zaten sadece hamileliği ve doğumu anlatıyor. En fazla ilk günü nasıl atlatabilirsiniz onu öğrenebiliyorsunuz, mesela nasıl bebeklerin altını değiştirilir, bebek nasıl tutulur.

Sanki havalanma öncesi dersleri alıp havalanmaya hazırlık hakkında her şeyi öğrenen bir astronot gibi oluyor insan. "Şimdi, hatırlayın, havalanmak sizin için çok zor olabilir, birbirinize yardım etmeli ve bakmalısınız. Havalanma çantalarınızı her halükarda hazırda bulundurmayı unutmayın. Pijama, yedek iç çamaşırı ve yer çekimi olmadığında hastalanırsanız alacağınız ilaçları almayı unutmayın. Temel hedef tadını çıkarmaktır. Havalanma ömrünüzün kalan kısmında hep hatırlayacağınız güzel bir süreçtir."

Hepsi iyi hoş da, peki uzaya çıktığımızda ne olacak?

"Houston, beni duyuyor musun? Ben Apollo 21, tekrar ediyorum, Apollo 21."

"Net ve yüksek geliyor sesin, Apollo 21. Havalandık."

"Duyuyorum seni, Houston, fakat Houston ..."

"Evet, Apollo 21...?"

"Şimdi ne yapıyoruz?"

"Hmm, nasıl yani Apollo 21?"

"Şey, burada binlerce düğme, alarm ve bir sürü zırvalık var. Ne zaman kemerimi çıkarsam, yukarılara doğru uçuyorum ve uçmadan tuvalete bile gidemiyorum, sanki korkunç bir bilim kurgu filminde gibiyim. Neler olup bitiyor burada, Houston?"

İşte böyledir yeni ebeveyn olmak. Doğumdan sonraki dönem için yaptığınız tek hazırlık çocuk odasını renkli renkli boyamak ve istemediğiniz şeyleri alarak servet harcamak. Birkaç günlük kargaşadan sonra kitapçılara ebeveynlik konusunda yardım bulmak için koşarsınız. İyi ki sizden önce başkaları da ebeveyn olmuştur da ebeveynlik üzerine bazı şeyler yazmışlardır, mesela, *Siktir, Ebeveyn Oldum, Ne Yapacağım Şimdi?* adlı kitap gibi. Kitabı çişle, kusmukla mahvetmeyin diye sayfaları katmanlı katmanlıdır.

Kitabı okur derinliğinizden sıyrılırsınız ve şöyle olur: Ne zaman bir şeyler hakkında kendimizi emin hissetmesek, bir vakum oluşturulur. Cam tüplerde havanın içe çekilip, kapatılıp, bu şekilde muhafaza edilen bilimsel bir laboratuvarda yaşamadığınız sürece, sizin vakumunuz bir şeyleri içine çekecektir.

Sonra ne olacağını tahmin edin. Bütün dünya sizin vakumunuzu doldurmak ister, çünkü herkes ebeveynliği bildiğini düşünür. Ayrıca sizin gibi yorgun gözlerle bakan birinden kesinlikle daha çok bildiklerini düşünürler.

Siz de herkesten tavsiyeler almaya başlarsınız.

Ebeveynlerinizden, başka annelerden, sokaktaki insanlardan, doktorlardan, devlet kurumlarından (özellikle bu günlerde aşı hakkında), hatta hacı hocalardan tavsiye alırsınız.

Yeni ebeveynlere istenmeden verilen tavsiyelerin korkutucu olduğunu düşünüyorum: Birini en zayıf anında yakalıyor ve onu yeni bilgilerle dolduruyorsunuz.

Fakat vakumlar bu işe yarar: Onları doldurmak isteyeni kendilerine çekerler.

Bu yüzden, vakumunuzu ya kapatmanız ya da en azından bir şeyleri içine çektiği yere süzgeç takmanız iyi olur.

Vakumunuzu kapatırsanız, her ebeveynin, hiçbir şey bilmediğini düşündükleri bu belirsiz yoldan geçtiğini anlamak zorundasınız. Bu yüzden bu duygu sizi rahatlatsın. Daha sonra bebeğin altı nasıl değiştirilir, bebek nasıl avutulur, nasıl beslenir ve bebeğin üzeri nasıl değiştirilir gibi en temel birçok şeyi bildiğinizi kabul edin. En azından bir süreliğine bu bilgiler size yeter.

Gerisini halledebilirsiniz. Tavsiye yağmuruna, alışılagelmiş şeyler ve uyutma şekilleri hakkında fikirlere Siktir Et deyin, neyin en doğru olduğunu düşünüyorsanız onu yapın. Bütün "bebek" şeyleri hakkında alacağınız tavsiyeler o zamanın modası ile ilgili alacağınız tavsiyelerle aynıdır. Bir sonraki aya değişmiş olur. Siz de en değerlinizi daha sonra başka bir teoriyle değişecek bir teoriye maruz bırakırsınız.

Biz bilirkişilerin görüşlerindense kendi içgüdülerimize güvenmenin en iyisi olduğunu düşündük. Bu, hayatın diğer alanlarında da böyledir: Dünya üzerinde bulabileceğiniz en iyi bilirkişi içgüdülerinizdir.

Belirsizlik vakumunuzun içine çektiklerine süzgeç takmayı tercih ederseniz, lütfen süzgecinize güvenin. Süzgeç, hissettiklerinize karşı size anlatılanların doğru olup olmadığını kontrol etmenizi sağlar.

Eğer akşamları bebeğinizin ağlamasını durdurmak için Calpol, Nurofen vermeniz gerektiği söylendiyse, bu da size doğru gelmediyse, yapmayın.

Çocuk hastalıkları yeni ebeveynleri ürkütebilir, fakat doktor tavsiyesi alma ihtiyacını hissedersek ve doktor ilaç yazarsa, "İlacı kullanmaksak ne olur?" diye sorarız. Genellikle "Şöyle, bebeğin hissettiği rahatsızlık birkaç gün daha devam eder," ya da "Şöyle, bebeğin iyileşmesi uzun sürebilir," gibi cevaplar alırız. Bu durumda, süzgecinizi mantıklı bir şekilde kullanın.

Yeni doğan bebekler hakkında böyle gergin olmanızın nedeni onların çok savunmasız ve zayıf olmasıdır, bu yüzden sizin de onları beslerken çok dikkat etmeniz gerekir. Kuşku duyarsanız, sadece güvenin kendinize. Kendinize güvenmenin getireceği sorumluluk yanlış hareket ettiğinizde başkalarını suçlayamamaktır. Bu, öz sorumluluğun ta kendisidir.

Birçok kişi herhangi bir sorun çıktığında başkalarını suçlamak için kendilerinin ve çocuklarının sorumluluğunu başkalarına atar.

Fakat sonunda, başkasını suçlamak bir çözüm olmaktan ve sizi mutlu etmekten çıkar. Sırf beyaz bir gömlek giyiyor diye başkalarına güvenmek sizi bir aptal gibi hissettirecektir.

Eğer yararı olacaksa, gidin kendinize beyaz bir gömlek alın ve kendinize güvenin.

Ebeveyn olmakla alakalı diğer bir konu ise birçok ebeveynin çocuklarından korkmasıdır ve bu sizi hayrete düşürebilir. Bunu söylemekle *The Omen* filmindeki şeytanın oğlu Damien'dan bahsetmiyorum. İnsanların yer altı dünyasından bir ulak mı doğurdular diye merak ettiklerini söylemiyorum.

Benim söyleme çalıştığım şey, korku acının deneyiminden, böylece tahmininden gelir ve ebeveynler için çocuklarına dair birçok acı vardır. Başlangıçta da bariz bir şekilde birçok korku hâkimdir. Fakat başlangıç hakkında çok şey konuştuk. Haydi, tuvalet alışkanlığını kazandıktan sonraki çocuk büyütme sürecine bir bakalım.

Çocuklarınızdan neden "korktuğunuzu" görelim, size neden acı verdiklerine bir bakalım:

- Vahşileşip, huysuzlaşıyorlar.
- Bir şeyi yapmalarını söylediğinizde, "hayır" diyorlar.
- Toplum içinde ve restoranlarda terbiyesiz davranıyorlar.
- Ne zaman biraz huzur isteseniz, hep gürültü çıkarıyorlar.
- Her zaman sizden yeni şeyler almanızı istiyorlar.

Bu yüzden, bilinçli ya da değil, çocuklarınız hakkında korku yaratıyorsunuz.

Çocuklarımızı kontrol etmeye çalışmak da bu korkunun sonucudur. Onlara sınırlar koyup, onları bir disiplin içinde eğitiyoruz. Onlara neyi yapmaları neyi yapmamaları gerektiğini dayatıyoruz. Onları restoranlarda uslu durmaları için zorluyoruz. Onlara Baba gazete okurken sessiz olmalarını söylüyoruz. Keyifsiz olduklarında keyifsizlikleri geçene kadar onlara bağırıyoruz. Yapmalarını istemediğimiz bir şeyi yaptıklarında onları tehdit ediyoruz.

Toplumun her kesimi de çocuk yetiştirmede disiplinli tavrı destekler, çünkü herkesin çocuklarının yapabilecekleri hakkında korkusu vardır.

Çocukları sanki her an bizi devirip yiyecek canavar gibi görüyoruz. (Markette "Ay, küçük canavara bak." lafını kaç kez duyuyorsunuz?) Çocuklar güzel, masum ve saf yaratıklardır. Çocuğun yaptığı hiçbir şey yanlış olamaz. Sorun bizim onların ne yaptıklarına karşı tutumumuzun yanlış olmasıdır. Bir çocuk gerçekten yanlış bir şey yapamaz.

Bu korkuya en azından sizin için Siktir Et deme zamanı geldi. İşte bu yüzden:

- Çocuklarınızı ne kadar az kontrol ederseniz, onlar kendilerine o kadar çok bakar.
- Onlara ne kadar az disiplin uygularsanız, genellikle o kadar az yaramazlık yaparlar.

Bu şekilde çocuklarla ilgilenmek daha kolaydır, çünkü daha az çaba gerektirir. Yemek masasında nasıl uslu durulacağını çocuklarınıza öğretmeye çalışırsanız, görürsünüz ki onları kontrol etmek çok zordur. Çocuklar taze yaşam gücüdür. Bazen koşup oynamak isterken bazen de yatıp dinlenmek isterler. Hayat böyledir işte, hem gecesi hem gündüzü vardır. Bazen dinlenir bazen oynarsınız. Eğer hayat gibi, çocukları gezinmek istediklerinde uslu uslu oturmaya zorladığınızda, başınız belada demektir.

Onların düzenine uymak, kendinizinkini dayatmaktan daha kolaydır.

Çocukların işlerine karışmadığınızda, onlar bazı şeyleri daha çabuk atlatır:

- Kendi başına bırakılan bir çocuk bağırmayı bırakacak ve yine sessiz olacaktır.
- Kendi başına bırakılan bir çocuk sızlanmayı bırakacak ve yine mutlu olacaktır.
- Kendi başına bırakılan bir çocuk restoranda bir oraya bir buraya koşturmayı bırakacak, masaya gelip yemeğini yiyecektir.

"Kendi başına" demekle "tek başına" bırakılmasını değil de onları kontrol etmeden bırakmanızı kastediyorum.

Haydi, daha az kontrol etmeyi bir deneyin. Çocuğunuza bir şeyi yapmamasını söylemek ya da onu durdurmak üzereyseniz, sadece kendinizi tutun ve bu sefer işe karışmadan beklemenin ve karışmadığınızda ne olacağını görmenin işe yarayıp yaramayacağını bir sınayın.

Daha az müdahale ve emek dersini alıyorsanız, istinasız siz de başka insanlardan bazı haltları öğreniyorsunuz. Restoran ve dükkânlarda bazı tavırlarınız olacak. "Bu sadece onların saçmalığı" olduğu yer ve haklı oldukları yeri (Mesela, Savoy'da örümcek adam kostümlü çocukların oradan oraya zıplaması çok rahatsız edici olabilir) belirlemek size kalmış.

Eğer "Evet, teoride kulağa mükemmel geliyor, fakat pratikte eminim kâbus olur." diye düşünüyorsanız, şunu dinleyin: Sonuçta ebeveyn olarak "bilemeyiz", sadece "hissederiz". Ebeveyn hislerimiz baştan beri çocuklarımızın var olmasına yöneliktir.

Oğullarımız kreşte bir yıl geçirdi. Temmuzda, uçurtma partisinde öğretmenleriyle oturup konuştuk ve öğretmenleri dedi ki:

"Arco ve Leone'u nasıl yetiştirdiniz?"

"Nasıl yani?"

"Sırrınız nedir?"

"Biraz daha açık olabilir misiniz?"

"Peki, okulda en terbiyeli davranan çocuk onlar. Şu ana kadar hiçbir sorun yaşamadık. Hatta bize bir şeylerin yapılma zamanını hatırlatıyorlar."

Bizim için bu durum hiç de sürpriz olmadı. Bizim onlarla "iyi" ya da "kötü" davranış diye tutumumuz yok. Onları ne yaparlarsa yapsınlar yargılamıyoruz ve şimdi onlar da "iyi" davranışlarından ötürü övülüyorlar.

İşte bu yüzden, çocuklarınızdan korkmayın, onların her hücresini olduğu gibi kabul edin ve onların özgürce davranmalarına izin verin.

Çocukları, hayatı kontrol edebileceğiniz kadar kontrol edebilirsiniz. Yani, çok zor.

Ebeveynliğe Siktir Et demek çocukların nasıl olduğundan vazgeçmektir, tıpkı hayata Siktir Et demenin hayatın nasıl olduğundan vazgeçmek gibi. Aslında bu iki şeyin birbirinden farkı yoktur. Çocuklar saf ve katıksız hayat enerjileri oldukları için. Çocuklarınızın oyun oynarken, suratlarını asarken, bağırırken ve hassas hallederkenki durumlarına Siktir Et demeye alışırsanız, hayata Siktir Et demeye nasıl alışacağınızı hemen öğrenirsiniz.

İradeye ve Disipline Siktir Et Deyin.

Tamam, bugün irade ve disiplin üzerine bir bölüm yazmaya karar verdim.

Fakat ilk önce yüzmeye ve yürüyüşe gidip, sonra meyve kahvaltısı yapacağım ve bugün hiç ekmek yemeyeceğim.

Belki de akşam yemeğini de yemem. Evet, yarın öğlene kadar aç kalsam iyi olacak. Böylelikle biraz kilo verebilirim. Doğum günüme kadar her gün yüzebilirsem, belki her gün 50 kulaç, doğum günümde giyeceğim takımım daha güzel yakışır diye düşünüyorum. Ya da belki her gün aynı şeyi yapmak sıkıcı olabilir. İlk önce bir saat yürüyüp, daha sonra yüzmeye gitsem daha iyi olacak. Haftada da bir gün izin veririm kendime. Bundan sonra her sabah yediden önce kalkmaya çalışacağım. Kalktığım zaman yapacağım ilk şey sıcak limon çayını içmek olacak. Bu çay karaciğeri temizler. Eğer her gece bir bardak şarap içersem, belki bu da karaciğerimi temizler.

Lanet olsun, neredeyse unutuyordum. Bu bölüm neyle ilgiliydi? İrade ve disiplinle alakalıydı değil mi? Pöff, ben ne bilebilirim ki bu konuda?

Siz ne kadar biliyorsunuz ben de o kadar biliyorum, mesela kalbimizin iradeyi ve disiplini sevdiğini biliyorum. İlerlemeyi, kendimizi geliştirmeyi, daha zinde ve zayıf olmayı ya da daha başarılı olmayı seviyoruz.

İrade ve disiplinin hayatımızda önemli olduğunu düşünüyoruz ya da aklımız öyle olduğunu düşünüyor. Yukarıdaki küçük monolog aklımdan geçenlerdir. Şimdiye kadar daha iyi bilmesi gerekmesine rağmen, aklımın hâlâ uğraştığı şey budur. Aklım ta ki kayda değer bir değişiklik olana kadar bir şey yapma fikrine durmaksızın tapar.

Siktir Et'in buradaki bölümü aklınızdan *sonsuz* olarak geçen şeydir. Bir hastane yatağında, 87 yaşında, kımıldayamadan, çevresine çantalar yığılmış bir adam olarak, "Bir gün kalkabilip, kantine kadar yürüyebilirsem, bunun hakkından gelebilirim. Yılbaşına kadar forma girebilirim. Bu pekmezli tartı yemekten vazgeçmeliyim. Onun yerine meyve salatası yemeliyim. Bu şekilde, bağırsaklarımı temizler ve onları tekrar harekete geçiririm. Belki Derek'e Fransızca kasetlerini getirmesini söylemeliyim, yeni bir dil öğrenmek çok iyi olabilir," diye düşünüyor olabilirsiniz.

Ya da düşünmüyor olabilirsiniz. Belki de yaşınıza uygun bir şey değildir. Belki çok daha önce öğrenmemiz gereken her şeyi öğreniriz: Önemli olmadığını ve önemsenmeye değmediğini.

Şimdilik aklınızın uzun süre bunu yapacağını farz edelim.

Ona Siktir Et deyip, böyle devam edelim. Bahçenizin köşesinde bir köpeğin topla oynadığını düşünün, bırakın oynasın. Eğer begonyalarınızın üzerine pislerse, o zaman onu uzaklaştırırsınız, yoksa bırakın oynasın. Aklınızın diğer kısmıyla, şunu bir düşünün:

İrade ve disiplinle ilgili sorun her zaman işe yaramamalarıdır. (Birçoğumuz için öyledir. Tabii SAS'ta çalışıyorsanız, eminim bu konuda çok iyisinizdir. O zaman bu bölümü geçmenizi öneririm. Sizi bu konularla rahatsız etmek istemem, bu bölüm daha zayıf insanlar için. Kusura bakmayın.)

Bunun nasıl çalıştığını anlatmama gerek yok. Bırakılmış sayısız egzersiz planlarından, diyetlerden ve akşam derslerinden tanıdıksınız.

Bazı kişiler hatta çalışmayan disiplin ve irademizi kullanarak para kazanıyorlar.

Holmes Place gibi büyük bir spor salonu kurmayı hep istemiştim. Ocakta başlayan kaç kişinin haziranda hâlâ spor salonuna geleceğini öğrenmek isterdim. Aslında etkileyici bir iş fikri olduğunu düşünüyorum.

İnsanların yıl içinde kendini geliştirme planları yaptığı zamanda, herkesi bir aylık spor salonuna kaydedersiniz ve bunu yapmanın en iyi yolu onlara otomatik faturalamayı imzalattırmaktır. Bir ay içinde, %80'i hayatında spor salonuna ayıracak vakti bulamaz ve yılın geri kalan kısmında da siz onları spor salonunda zar zor görürsünüz.

Ocak için sadece birkaç tane daha fazladan alet alın, belki birkaç kürek çekme aleti. Sonra işiniz iş. Her ay banka hesaplarından 100 pound almaya devam edersiniz.

Bu işin güzelliği ve dâhiliği insanların %80'i şubat ortalarına doğru spor salonuna gelmeyi bırakır ve "Aptalım ben, her sene yapıyorum bunu... Hevesli hevesli başlıyorum ve dört haftada bıkıp bir daha gitmiyorum. Bugün üyeliğimi iptal ettireceğim ve oraya tekrar gitme aptallığını göstermeyeceğim. Eğer çok spor yapmak istersem, yürüyüşe falan çıkarım." diye düşünür.

Her zaman söyledikleri şey: "Gelecek hafta tekrar gitmeliyim spor salonuna. Birkaç haftadır gitmiyorum. Öyle salıveremem kendimi, vazgeçemem. Tek yapmam gereken haftada üç gün gitmek ve yemeyi bırakmak... vs. vs. vs."

Çok az insan aylık 100 pound ödemeyi durdurmak ister, çünkü başarısız olduklarını kabul etmek istemezler. İradelerinin ve disiplinlerinin olmadığını kabul etmek istemezler. Spor yapmama konusunda kendini rahatlatmanın pahalı bir yoludur bu. Sanki bir yalan satın almak gibidir: "En azından spor salonunun bir üyesiyim."

Ben olsam 1.50 pounda bir rozet alıp her zaman takarım ve rozetimi göstererek "Spor yapıyorum da ben," derim. Bu da yalan satın almanın en ucuz yol olur.

Beş yıl önce, spor salonlarına Siktir Et dediğim için kendimle gurur duyuyorum. O an benim için çok önemliydi. Yürüyüş bandının üzerindeydim. Birkaç haftadır spor salonuna gittiğim için bu aletin üzerinde gayet başarılı bir şekilde spor yapıyordum. Her gittiğimde daha çok geliştiriyordum kendimi ve her öğle arasında Everest Dağı yüksekliğinde tırmanıyordum.

Daha sonra, aniden sanki Holmes Place'deki bir akım gücü varmış gibi yürüyüş bandına doğru gittim, vücudumu yasladım, çevreme baktım ve her şeyi net bir şekilde gördüm. Her şey çok komik görünüyordu: İçerdeki herkes kürek çekiyor, koşuyor, dağa tırmanıyor ve kütükleri kaldırıyor gibi yapıyorlardı. MTV'yi izleyerek yaptıkları manasız gerçekliğe zihinlerini boşaltmaya çalışıyorlardı.

DUR'a bastım.

Yürüyüş bandının iki ayağı yere monte edilmişti. Su şişemi alıp soyunma odasına doğru yavaşça yürüdüm. Duşumu aldım ve anladım ki bu anlamsız yere bir daha ayak basmayacaktım.

Bir daha da hiç gitmedim.

Bu arada, Holmes Place bu bölümün sponsorluğunu yapmıyor. İsimlerini kullansam bile yaptıklarını desteklemiyorum, fakat iş planlarını takdir ediyorum.

Kendini kontrol etme, kendi üzerinde disiplin sağlamaya çalışma çabaları gerginlik yaratıp, üzerinizde dayanamadığınız bir baskı oluşturabilir. Beklentilerinizi gerçekleştiremediğinizde yaşadığınız hayal kırıklığı kendinizi hüsrana uğrattığınızdakinden daha beterdir. İşte bu yüzden hepsine Siktir Et deyin. Canınız ne çekiyorsa onu yapın. Daha zayıf, güzel, sağlıklı olmak için kendinize her gün işkence çektirmeyin. Kendi kendinizi maruz bıraktığınız gerginliği vücudunuzdan attığınızda, kendinizi daha özgür hissedeceksiniz. Özgür hissettiğinizde de vücudunuzun istediğiyle daha çok uyumlu olacaksınız:

- Kendinizi enerjik hissettiğinizde spor yapmak isteyeceksiniz.

- Kendinizi enerjik hissetmediğinizde televizyonun karşısında vakit geçirmek isteyeceksiniz.
- Bazen sağlıklı yiyecekler yemek isteyeceksiniz.
- Bazen abur cubur yemek isteyeceksiniz.
- Bazen doyduğunuzda yemeği bırakmak isteyeceksiniz.
- Bazen de kusana kadar yemek isteyeceksiniz.

İşte hayat budur, siz de teslim olun.

Hayatın doğal akışına kendinizi bıraktığınızda, spor salonunun üyesiyken yaptığınız spordan daha çok spor yapacaksınız. Belki de diyetisyene gittiğiniz zamanlardan daha sağlıklı yiyecek yiyeceksiniz. Belki de bazı komik diyetleri yaptığınız zamanlardan daha az yemek yiyeceksiniz.

Ben böyle yaşıyorum. Daha sağlıklıyım ve aynı kilodayım. Kendimi bir çocuk gibi her şeyin içine atıyorum. Benim için işe yarıyor, fakat ben sizin beni takip etmeninizi istemiyorum. Bu sizin için hiç de iyi olmayabilir.

Ben sizin hayatı takip etmenizi istiyorum.

Planlara ve Amaçlara Siktir Et Deyin.

Planlar ve amaçlar. Amaç, planın daha çok ikiz kardeşi gibidir. Plan ne yapmak istediğini düşlerken, amaç da bunun üzerine yoğunlaşıp başarmak için bazı zaman sınırlamaları koyar. Amaç ve plan çok gözde ikilidir, birçok insan bu ikiliyi sever ve kullanır.

Planlar ve amaçlar harikadır.

Her zaman kendim için planlar yapar ve amaçlar koyarım. Yapmam gereken şeylerin listesini yapar, hayatımda değişik şeyleri yapmak için amaçlar belirlerim.

Bir şeyi yapmak istediğinizde, her neyse yapmak istediğiniz, ona ulaşmak için plan yapmanız, süre belirtmeniz ve o süre içinde o şeyi halletmeniz gerekir. Böylece hedefinize ulaşırsınız.

İnsanların birçoğunun sorunu ne yapmak istediklerini bilmemeleridir. Yaratıcı bir şey yapmak, para kazanmak, özgür olmak gibi belirsiz istekleri vardır. Fakat gerçekten ne yapmak istediklerini açıkça belirtemezler. Böylece oradan oraya savrulur, bazı anların tadını çıkarır ve diğerlerinden nefret ederler, fakat hiçbir zaman başarının ve isteklerini gerçekleştirmenin tadına varamazlar.

Hayatta ne istediğinizi bilmemek IKEA gibi bir yere girip kocaman koridorların ortasında dikilip, ne için geldiğinizi bilmemek gibidir. Biraz gezindikten sonra, danışmaya gidersiniz. En sonunda birisi size "Nasıl yardımcı olabilirim?" diyene kadar orada beklersiniz. Gelen soru karşısında onlara boş boş bakar ve "Şey... Ben bir şeye bakıyordum... Şeye... Sandım ki... Şey... Aslında ne istediğimi bilmiyorum. Bana bir şey önerebilir misiniz?" dersiniz.

Kulağa komik geliyor değil mi? Ama birçok insanın yaşam tarzı böyle. Hayatlarında olan şey danışmadaki kadının sizin söyledikleriniz karşısında mağazanın sistemine girip "Lütfen dikkat, bütün görevliler, danışmada L.Ooney var. Tekrar ediyorum, danışmada L.Ooney var. Yardım edebilir misiniz lütfen?" değildir. Hayır. Aksine danışmadaki kadın onlara sempatiyle bakar ve "Peki, sizin yerinizde olsam, boya ve fırça gibi şeyler alır, evime canlılık katardım. Daha sonra da belki matkap ve raf alırsınız," der.

Hayatta ne yapmak istediğinizi bilmiyorsanız, dünya size anlayışlı davranabilir ve öneriler sunabilir. Fakat bu önerilerin genellikle sizin ihtiyaçlarınızla hiç alakası yoktur, çünkü sizin gibi kimse gerçekten ne istediğini bilemez.

İşte bu yüzden neyi istediğinizi bilmediğinizde, sizin için başarı ne ifade ediyorsa etsin başarılı bir hayat sürmek zordur. Dünyaya çok belirsiz bir mesaj gönderir ve siz de belirsiz ya da uygunsuz bir karşılık alırsınız.

Bu da farklı bir hikâyedir tabii ki, eğer danışmaya gidip listenizi çıkarırsanız ve "İyi günler, beni orta boy bir tornavida, boru, matkap ve yeşil boya bulabileceğim bölüme götürür müsünüz?" (Evet, kendi işimi kendim yapamıyorum. Lütfen katlanın bana.)

İstediklerinizin IKEA'da olduğu farz edelim, L.Ooney ile ilgilendikten sonra kadın sizi istediğiniz her şeyi bulabileceğiniz yere götürmekten mutluluk duyar. Dünyanın düzeni budur. Ne istediğinize yoğunlaşırsanız, dünya onu almanızda size yardımcı olur.

İncil'de de böyle yazmıyor mu? "Siz isteyin, biz de verelim." Plan yapmaya başlarsanız, amaçlarınızı belirlerseniz sizi daha iyi bir gelecek bekler.

İncil ayrıca "Ve keçi insanla birlikte yaşadı, insan sevindi," der. Bugünlerde sevinmek için kimin keçiye ihtiyacı var ki! Bu zamanda şişirilmiş keçilerle mutlu oluyoruz biz. Onlar daha temiz, çalıların yanında otlatmadığınız sürece sorunsuz bir ilişki yaşarsınız. Bu yüzden İncil'in her dediğini dikkate almayın.

Bu benim söylediklerim için de geçerli. Söylenenleri ayıklayın ve seçin. Aklın yolu budur. Başarılı bir hayat sürmek için o zaman ne istediğinizi çözmeniz gerekiyor. Daha sonra bazı planlar yapmanız, bazı amaçlar belirlemeniz gerekiyor. Bunlar üzerine birçok kitap yazıldı. Belki ilk planınız bu kitaplardan birini almak olur. İlk amacınız da cumartesiye kadar bu kitabı alıp, öteki cumartesiye kadar okuyup bitirmek olur.

Fakat bu bölümü biraz daha okumaya devam edin.

Planlar ve amaçlar saçmalıktır.

Planlar ve amaçlar hayatımız için ne kadar önemliyse bir o kadar da gereksizdir. Bir plan yaptığınızda ve bir amaç belirlediğinizde hayatınız bu noktaya doğru ilerler. Hayatınızla birlikte neyi başarmaya çalıştığınız üzerine çok yoğunlaşırsınız. Amacınıza ulaşmak için bu küresel çabada öteki olasılıkları düşünmek bile istemezsiniz.

Kalabalık Trafalgar Meydanı'nın bir fotoğrafına bilgisayarınızdan baktığınızı düşünün. Güneşli bir gün ve herkesin keyfi yerinde. Fakat aniden bir detaya takılıyorsunuz: Bir kişinin üzerine odaklanmak için bilgisayarınızın büyüteç özelliğini kullanıyorsunuz. Bu insan bir erkek ve fıskiyelerden birine bakıyor. Kaybolmuş ve çevresinde olanlardan bihaber gibi bir hali var. Adamın sağ eline doğru resmi yakınlaştırıyorsunuz, sağ elinde tuhaf bir sembol olan dövmesini görüyorsunuz. Sembole iyice bakıp ne anlama geldiğini merak ediyorsunuz. Bu büyütülmüş resmin çıktısını alıp üzerine düşünmek için duvarınıza asıyorsunuz. İşte bir şeye odaklandığımızda bizim de yaptığımız budur.

Odaklandığımız şeyler ne kadar büyüleyici olsalar da muhakkak geriye kalan kısmını görmeyiz, atarız. Baktığınız resimde öteki insanların ne yaptıklarına bakmak için durmadınız. Fıskiyeden çıkan sudaki ışığın yansımasını fark etmediniz. Havaya zıplayan köpek gösterisini (dünyada ilk gösterim) fark etmediniz. Karınızın en iyi arkadaşınızla tutkulu sarılışını fark etmediniz.

Her anın sınırsız potansiyeli vardır. Her yeni anın içinde hayal bile edemeyeceğiniz ihtimaller vardır. Her gün sizin en güzel çizimlerle doldurabileceğiniz bir boş sayfadır.

Planla ilgili sorun, yeni güne ulaşmadan bu yeni günün boş sayfasını yapılacaklar listesiyle doldurmanızdır, dikkatli davranmazsanız başka hiçbir şeye yer kalmaz.

Bir plan, özellikle fazla odaklanmış olanı, geleceğin ihtimallerini birkaç şeye indirir: Planda olanlar ya da olmayanlar (sonunuz hayal kırıklığı). Bu da tabii ki birçoğumuzun neden plan yaptığının sebebidir: Sınırsız ihtimallerden korkar ve neyi biliyor, kendimizi neyle güvende hissediyorsak onunla yaşamayı tercih ederiz.

Fakat bu ihtimal ve öngörülemezlik korkusuna Siktir Et diyebilirseniz (Bakınız: Korkuya Siktir Et Deyin), hayatınız değişir ve gelişir.

Biz geçmişteki kötü olayları ve gelecek planlarını bugünün her anına yansıtarak yaşıyoruz. Şimdiki korkularımızın, yargılarımızın, sınırlarımızın, engellerimizin ve daha önceden yaptığımız planlarımızın içine sürükleniyoruz.

Bunlardan hiçbiri olmaksızın, içinde bulunduğumuz an gayet kendini açmış ve olgunlaşmıştır. Özgürlüğümüze beklenmedik hediye ve kutlamalarla cevap veren bu cömert özgür dünyada özgürüz.

Evet, tabii ki, bu bölüm, sonuyla çelişiyor. İlk önce, sizden plan yapmanızı istedim, hatta kitap almanıza teşvik ettim, daha sonra size özgür bir hayat için planlarınızdan vazgeçmenizi söyledim. Bana güvenin. Ne söylediğimi ve nereye doğru gittiğimizi biliyorum. Bu yüzden ben bir şeyler önerdiğimde, lütfen çığlık atmayın.

Haydi, Direksiyondan Ellerimizi Çekmeyi Deneyelim.

Hikâye zamanı, hani çocuk programlarında söylerler ya, hatırlar mısınız bilmem. İlk önce hep "hikâye" deyip saatlerin bir sürü animasyonu olurdu, daha sonra da "zamanı" derlerdi.

Skegness Butlins'te tatildeydik. Dört yaşındaydım ve cennette gibiydim. Pistte gitmeye hazır 1930 tipi bir arabanın içinde oturuyordum. Hayatımın bazı kesimleri hiç aklımdan çıkmıyor ve tamı tamına hatırlıyorum: Ne düşündüğümü, ne hissettiğimi. Bu da onlardan biridir.

Sürmeye başladım. Çok heyecanlıydım. Bir araba sürüyordum. Babamın arabasını sürdüğü gibi ben de bir araba sürüyordum. Bir şoför olarak yeteneklerimi göstermek için direksiyona sıkıca sarılmıştım. İlk köşeye geldim, keskin bir köşeydi. Dikkatli ve düzenli bir şekilde direksiyonu sağa kırdım. Öteki köşeye geldim, bu sefer sol köşeydi, ben de direksiyonu sola kırdım.

Mutluluktan uçuyordum, çünkü araba kullanıyordum. Bunun, yoldaki ilk deneyimim olduğunu düşünürsek gayet iyi bir iş ortaya çıkarıyordum. Fakat sonra, aklıma bir fikir geldi, küçük bir fikirdi başta. Ama öteki köşeye, daha öteki köşeye yaklaşınca bu küçük fikir büyüdü. Ben de bu fikrimi uygulamaya koydum.

Direksiyonu becerikli bir şekilde sağa kırmam gereken zaman geldiğinde, becerikli bir şekilde sola kırdım. Çitlere doğru ve gölün içine uçma riskini anlamıştım ama yine de bu riski aldım. Daha sonra ne mi oldu? Araba sağa doğru kaydı, midem bulanmış başım dönmüştü. Direksiyonu kızgınlıkla bir sağa bir sola çeviriyordum. Dümdüz gidiyordum. Direksiyon benim kontrolümden çıkmış kendi kendine dönmeye başlamıştı. Araba kendini kontrol edebiliyordu.

Kendimi kandırılmış hissediyordum. Neden bana güvenip doğrular söylemiyorlardı? Anlamıyordum.

Noel Baba'nın olmadığını öğrendiğimde de bu duygu tekrarlanmıştı. Hemen sonra İsa'nın sadece bıyıklı ve sandaletli geçmişteki bir adam olduğunu ve günümüzdeki bıyıklı ve sandaletli adamlar tarafından uydurulduğunu öğrendim. Hayat bazen bizi hayal kırıklığına uğratır. Dört yaşındaki çocuklarımı böyle sarsıntılardan esirgemek için onları sürekli ormanlarda cip ile gezdiriyorum.

Birçoğumuz 30, 40 ya da ____ (lütfen kendi yılınızı yazın) yıldır bu arabalara biniyor. Bu arabaları yollarda kullanıyor, köşeleri özenle ve dikkatlice dönüyoruz. Onları kontrol edenin biz olduğunu düşünüyoruz. Daha ellerimizi direksiyondan çekmeyi denemedik. Şimdi düz yolda sürmekten sıkılıp yorulduk ve döneceğimiz köşeler için şöyle bir sarsılır, kendimize geliriz. Sürmeye devam ederiz, çünkü arabanın kaza yapmasını önlemek için sürmek zorunda olduğumuzu düşünürüz.

Şimdi ise ellerinizi direksiyondan çekme zamanıdır. Benim çocukken fark ettiğim gibi siz de anlayacaksınız ki araba kendi kontrolünü kendi sağlayabiliyor. Sadece çok yorgun olduğunuzda hayal kırıklığına uğramayıp, mutlu olmanız için bu kontrolü sağlıyor.

Hayatın direksiyonundan ellerinizi çekmenizin zamanı geldi. Siz de keşfedeceksiniz ki hayat, sizin bir uğraşınız olmasa bile mutlu bir şekilde yolunda ilerleyecek. Artık arkanıza yaslanıp, ayaklarınızı uzatıp, yolun keyfini çıkarmanın zamanı.

Gerçekten bunu yapmak harika bir şey. Sadece yaptığınız zaman bu harikalığı tadabilirsiniz. Bir şeyleri kontrol etmeyi ve oldurmayı bıraktığınızda, her şey sizsiz gayet kusursuz bir şekilde ilerleyecek.

Aslında, görünürde çok az şey değişecek. Hâlâ günlük işlerinizi yapacaksınız. Bir şeyleri yapmak için kararlar vereceksiniz. Ama bir şeylerin sadece olup bittiği gerçek hissini duyacaksınız. Taoizm'de bu, Tao'nun doğal akışına kendini bırakmaktır. Scooby Doo'da, Shaggy "Akışına bırak, dostum," derdi. Olup bitenler hakkında aslında başka seçimimizin olmadığı gerçeğiyle yüzleşmeliyiz. Seçim yapabilir gibi görünüyoruz ama yapamıyoruz.

Doğrusu bu da harika bir haber, öyle değil mi?

Bu demektir ki sadece arkamıza yaslanıp, bir şeyleri kendi doğal akışına bırakabiliriz. "Hayatta yok onu, yok bunu yok şunu başarmalıyım," gerginliği uçup gider, çünkü gerçek şudur ki siz isteseniz de istemeseniz de olan olur, ölen ölür.

Bu yüzden plan ve amaç belirlemek sizin yaptığınız ya da yapmadığınız bir şeydir. Sizin olayda hiçbir seçim hakkınız yoktur. Amacınıza göre kitabı alıp pazara kadar okuyabilirsiniz ya da okumayabilirsiniz. Seçim hakkınız yoktur. Bunlardan biri gerçekleşecektir. Ellerinizi direksiyondan çekip hayatınızda neler olup bittiğini izlemelisiniz.

Ellerimi bir süreliğine direksiyondan çektim ve birkaç yıldır yazmaya çalıştığım, hakkında planlar ve amaçlar belirlediğim kitap kendiliğinden yazılmaya başladı. Bu sözleri yazıyorum, çünkü başka bir şey yapamıyorum. Ne kadar çok uğraşsam da, başka bir şey yapamıyorum. Aslında bu sadece lafın gelişi, çünkü bir şeyi ya da başka bir şeyi yapmak için uğraşmıyorum. Sadece hayatımı yaşıyorum. Bir şeyler, bu kitabı yazmak da doğal olarak meydana geliyor. Bu kitabı yazmaktan zevk alıyorum (en azından şimdilik) ve sizin de okurken zevk alacağınızı umuyorum. Bazen planlarla ve amaçlarla uğraşıyorum, bazen uğraşmıyorum. Plan ve amaç belirlemediğim zamanlarda bazen üzülüyorum, bazen üzülmüyorum. İşte hayatın akışı budur. Ne yaparsam yapayım, hayat kendi yolunda aynen ilerliyor.

Sözümü tutun, pişman olmayacaksınız.

Bu İncil'in "Keçi ile sevişin ve mutlu olun," bölümünden çok "Siz isteyin, istediğinizi alırsınız," bölümüne daha yakın.

Eğer keçiler çevrenizde gezinir ve siz de onunla sevişirseniz, kendinizi bu konuda başka seçeneğim yoktu diyerek rahatlatabilirsiniz. Sadece oluverdi.

İşte keçi-sever arkadaşım, bu hayatın ta kendisi.

Bu yüzden, amaçlara ve planlara Siktir Et deyin. Amaçların ve planların içindeyseniz, onlara hâlâ sahipsiniz, değilseniz amaç ve plan belirmeye başlayabilirsiniz, ama onlarla her ne yapmak istiyorsanız isteyin, bir şeyleri olduğu gibi kabul edin.

Ellerinizi direksiyondan çekip ne olacağına bir bakın. Hayatı sadece daha çok ilginçleştirin, aynı zamanda gaza da basın.

Dünyanın Daha İyi Bir Yer Olması İsteğine Siktir Et Deyin.

Dünyanın daha iyi bir yer olmasını isteyen insanlardan ruhani insanları ayırmak imkânsızdır.

Tabii ki, ruhani olmayan ve dünyanın daha iyi bir yer olmasını isteyen birçok insan vardır, fakat bu konuyla ilgilenmeyen ruhani insan çok azdır. Kötülükle savaşır, dünyada iyiliğin, barışın egemen olması için, terörü ve açlığı sonlandırmak için uğraşırız. Fakat bir şey fark etmediniz mi?

İnsanlar ne kadar uğraşırsa uğraşsınlar, "iyi" ve "kötü", "barış" ve "savaş" arasındaki görünen denge her zaman aynı kalır. Her zaman "iyi" insanlar ve "kötü" insanlar vardır. İyi eylemlerin dünyadaki etkisi olağanüstüdür. Kötü eylemlerin etkisi de öyledir. Fakat ikincisi daha çabuk yayılır. Sonuçta, dünyanın genel olarak "kötü" olduğuna inanırız ve dünyayı daha iyi bir yere dönüştürmeye çalışırız.

Bu yayılma meselesine gelince, haber dengesizliğini düzeltmek için çıkarılan bir gazete var. Bu gazete size sadece iyi haberleri sunuyor. İsmi de *Pozitif Haberler*. Bu gazeteyi hiç okudunuz mu? Eğer okumadıysanız, bir kopyasını falan bulmaya çalışın. Bütün vegan haber ajanslarında bulabilirsiniz. Lütfen okuyun. Hâlâ uyanık kalabiliyor musunuz bir bakın. "Sübyancı çatlak satıcı, terör suikastına kurban gitti," haberini okumadan önce hayattan ümidinizi kesmiş olabilirsiniz. Barış için dua edenlere, kötüyle savaşanlara ve kötü adamı yenmeye çalışanlara laf atmıyorum. Ayrıca, savaş yandaşlarına, iyiyle savaşanlara ve iyi adamı yenmeye çalışanlara da lafım yok. İnsan oldukları sürece, hepsi birbiriyle son derece çetin bir mücadele ediyor. Bazen iyi insanlar kazanırken bu savaşı, bazen kötü insanlar kazanıyor. Sonunda her şey aynı yola çıkıyor: Birbirlerini zamanla dengeliyorlar.

Şimdi olay şu: Sonuçta hiçbir zaman ne iyiler ne de kötüler galip çıkıyor. Her şeyi olduğu gibi kabul edelim, şuan her nasılsa öyle. Savaşa Siktir Et diyelim. Savaşın gerçekten hiçbir önemi ve gereği yok. Savaş haberleri her zaman aynı, hiç değişmiyor. Sadece isimler değişiyor. Çok sıkıcı değil mi?

Hangi tarafta olursanız olun, savaşı bırakmanın hafifliğini yaşayın. Emin olun, hiç kazanamayacaksınız. Emin olun, hiçbir fark yaratamayacaksınız, çünkü son sayı daima şansa bakar. (Eğer sporlotoda iyiyseniz, ne güzel) Dünyayı daha iyi bir yer haline getirme arzusuna son verin, onun yerine sporloto oynayın.

Nasıl hissediyorsunuz? Evet, tekrar rahatlamış, arkanıza yaslanmış gibisiniz. Hayatı sımsıkı kavrayışınızı gevşettiniz. Bir şeyleri değiştirme arzunuzu kaybettiniz. En sonunda her şeyi olduğu gibi kabullendiniz ve bu da büyük bir patlama oldu. Bu patlama, Siktir Et demenin patlamasıdır.

Yaptığınız diğer şeyler gibi, bir kere Siktir Et demeye başladığınızda, etkisi çok garip olur. Dünyanın daha iyi bir yer olmasını istemekten vazgeçtiğinizde, gerçekten dünya üzerinde aşikâr etkisi olan şeyleri yapmaya başlarsınız.

Kulağa hiç hoş gelmiyor, değil mi? Ama bunu yapmaya başladığınızda, doğru gibi gelecek. Eğer yapmaya başlamazsanız da, Siktir Edin gitsin.

İklim Değişimine Siktir Et Deyin.

İklim Değişikliği sorunlarıyla nasıl uğraşıyorsunuz? 4.5 milyar yıllık bu gezegenin sistemleri üzerine koyduğumuz büyük baskının yarattığı sorun, bu gezegenin hızla, daha çok hastalanmasıdır.

Eminim sizin buna cevabınız "savaşmak" ya da "kaçmak" olacaktır. (Hepimizin yaptığı gibi) Bu durumda, kaplanlarla yüzleşmek ya da kaplanlardan kaçmak yerine, "savaşmak", bütün bilincinizle bu korkunun ne demek olduğunu ve nasıl kişisel olarak yüzleşebileceğinizi düşünerek bu korkuyla mücadele etmeniz anlamına gelir; "kaçmak" ise bir sorunun olduğunu inkâr ederek (aslında sorun vardır), yapabilecek bir şeyin olmadığını düşünerek (aslında yapabileceğiniz bir şey vardır), "üzerinize düşeni" yaparak, sıradan hayatınıza devam ederek ondan kaçmaktır.

"Kaçmak" seçeneği insana tuhaf gelse de, birçok insan bu seçeneği tercih ediyor.

İklim Değişikliği sorununa tam bilinçle yaklaşmak gerçekten çok zordur. Sorun, ne olup bittiğini bizim tam olarak anlamamamızdır. Birçoğumuzun İklim Değişikliğinin (bazı güzel ılık yaz günleri hariç) bizi nasıl etkileyeceğine dair hiçbir fikri yoktur.

Bizler de sıcak suya atılınca zıplayan kurbağa gibiyiz. Ilık suya atılıp, yavaş yavaş ısıtılınca, kurbağa zıplamaz, orada kalır ve ölene kadar kaynatılır. İşte su ısınmaya başladı.

Bu konuda ne yapabiliriz? İklim Değişikliğine Siktir Et deyin, tabii ki. Bu bağlamda Siktir Et demek rahatlamaktır. Neticede, bize "kaçmak" seçeneğini seçtiren paniğe kapılmış bir şekilde korkmamamızdır. Rahatlayın biraz. Derin bir nefes alın, her ne kadar hava kirli olsa da. Rahatlayın, daha sonra bununla yüzleşmeye kendinizi hazırlayın. Bununla her gün yüzleşin.

Çevrenizde neler olup bittiği ve bulunduğunuz yerin iklim değişikliğiyle nasıl ilgili olduğu hakkında iyice düşünün.

Sorunla yüzleştikçe, kendinizi bir şey yapmak için zorunlu hissetmeyin. Bu zorunluluk hissi pencereleri açıp can sıkıcı havanın içeriye girmesini sağlamak gibidir. Ne yapmanız gerektiğini bana söyletmeyin. Kimsenin size zorla bir şey yaptırtmasına izin vermeyin. Yaptıklarınıza ya da yapmadıklarınıza, hatta insanoğlu olarak yaptıklarımıza ya da yapmadıklarımıza dair kendinizi suçlu hissetmeyin.

Siktir Et deyin ve bugün yeni bir başlangıç yapın. Rahatlayın, üzerinizdeki baskıyı ve suçluluk duygusunu atın ve HAREKETE GEÇİN. Büyük bir harekete geçin. Küçük bir harekete geçin. Ama geçin. Hâlâ olanlar sizi umutsuzluğa ve kaçmaya yöneltiyorsa, şunu bir düşünün: İnsanlık tarihinde birbirimizi tuzla buz etmeye yetecek teknolojimiz olduğu zaman bu şey bizi bir arada tutan tek şey olabilir.

Doğal afet şeklindeki sanayileşmemize doğal tepki o kadar yıkıcı olabilir ki farklılıkları bir kenara atıp sorunla başa çıkmaya çalışmaktan başka seçeneğimiz olmaz. Bu dünyaya ve bu dünyanın sistemlerine bağlı olduğumuzu anladığımız gibi birbirimize bağlı olduğumuzu da belki anlarız.

Hepimiz mahvolmadan önce, öğretmenlerin ve rehberlerin durmadan konuştukları şeyi yani hepimizin aslında bir olduğunu anlarız. Çok kinayeli aslında, çünkü birbirimizden ve doğadan ayrı olma algılayışı bizi buralara kadar getirdi.

İşte bu yüzden, yanınızdaki insanın elini tutun, her şeye Siktir Et diye bağırın ve şu hasta dünyamız için bir şeyler yapın.

Meselelerinize Siktir Et Deyin.

Ailem beni çok İngiliz tarzı yetiştirdi. Hem İngiliz hem Hıristiyan. Biz sorunları, meseleleri ya da çatışmaları olmayan her zaman mutlu mesut yaşayan bir Hıristiyan aileydik. En azından, öyle olduğumuzu düşünüyorduk. Tabii ki yüzeyin altında köpüren insan duygusu ve deneyimi dizisi vardı: mutsuzluk, endişe, kıskançlık, arzu, acı, kalp ağrısı, keder, korku vs.

Fakat aile içinde bu "gölgeli" taraflara hiç yer yoktu. Hıristiyan aile örneği gibi hepimiz mutlu ve memnun olmak zorundaydık. Bu, mutlu, memnun, neşeli ve sevecen olmadığımız anlamına da gelmiyor. Bazen öyleydik tabii ki. Ama bazen.

Bunu büyürken hissederdim. Bazı şeylerin doğru olmadığını bilirdim. Benim "tamamıma" yer olmadığını, sadece bir parçama yer olduğunu bilirdim.

Bu hareketlilikte ne olup bittiğini büyüyünce düşündüm ve şu yargıya vardım:

Mutluluğa doğru yönelmek ve acıdan kaçınmak çok doğal bir insan dürtüsüdür. Olumlu olanı artırıp, olumsuz olanı azaltmak çok sağlıklı bir eğilimdir. Acı, "olumsuz" olan şey çoktan içimizde, hücrelerimizde ise işte o zaman sorun oluşur. Ne kadar kaçınırsak kaçınalım, bu acıdan kurtulamayız. Aslında ne kadar önemsemezsek o kadar kendini belli etmeye çalışır. Acının kendisini bize değişik yollarda duyurmaya çalışır. Bu yollardan biri hastalıktır.

Bütünsel iyileşme dünyasında, her hastalığın duygusal bir kaynağı vardır. Bu yüzden fiziksel iyileşme olmadan önce hastalığın duygusal kaynağının iyileşmesi gerekir. Tedavi ve iyileşme dünyasında, acının temeline bakmanız gerekiyor.

Bu yolculuğu başlatan dürtü, içinizdeki acıların dayanılmayacak seviyeye kadar gelmesi ya da hastalığınızın çok acı veriyor olmasıdır.

Hayat bu şekilde daha da güzeldir. Acıdan kaçınma doğal dürtüsü doğal olarak göz ardı edilemeyecek bir acı tarafından dengelenir. Siz de yolculuğunuzu acıyı iyileştirmeye doğru başlatırsınız.

Uzun zamandır tedavi dünyasındayım ve birçok iyileşmenin olduğu gördüm. Fakat benim gözlemim, iyileşmenin kendisine doğru yolculuk bağımlılık yaratabilir. Acının hakkından gelmek için yeterli cesareti topladığınızda, kendi içinizde birçok acı seviyesiyle yüzleşirsiniz. Acıyı tedavi etme süreci süreklilik kazanır:

- Eski acıları iyileştirmek üzere bu acılara bakmak için duygusal tedavilerden geçeriz.

- Vücuttan toksinleri ve acıları atmak için fiziksel tedavi süreçlerinden geçeriz.
- Vücudumuzdaki enerjik sistemi temizlemek için enerjik tedavi süreçlerinden geçeriz.

Ne hakkında açık olmamız gerektiği konusunun kafanıza takılmaya başlaması çok kolaydır. Bu yüzden:

- Henüz üstesinden gelemediğimiz travmaları kafamıza takarız.
- Hâlâ hissettiğimiz acılar, ağrılar ve huzursuzlukları kafamıza takarız.
- Temiz olmayan enerji sistemlerimizi kafamıza takarız.

İyileşmeye ve bütünleşmeye doğru yolculuk sonsuzlaşır.

Aşağıdaki gibi kavramları da ekleyin:

- Önceki hayatlardan karmaları temizleme
- Ruhunuzdan, ruhani ihlallerden kurtulma
- Ölümsüzlük peşinde koşma

Sadece bu yaşam süresince devam etmeyen bir yolculuk birçok hayat boyunca devam eder. (Bu bazı insanların gerçekten düşündüğü şeydir.) Vay canına, ne büyük bir çaba! Ne kadar sıkıcı!

Hangi arzumuz olursa olsun dünyanın bu arzularımıza cevap verdiğini fark edin. İyileşme "yolculuğu" na çıkmak istiyorsak, dünya bizi o yolculukta tutmak için bize sonsuz yol sunar.

Çok basit bir seviyede, çocukluk meselelerinizi sonsuza kadar iyileştirmek için çalışmaya devam edebilirsiniz. (Birçok insan size bu konuda "yardım" etmek için sizden birçok para istiyor.)

Evet, değerli arkadaşlarım, meselelerinize Siktir Et demenin zamanı geldi. İyileşmeye ve bütünleşmeye doğru yolculuğunuza Siktir Et deyin. Ben de bir zamanlar o yollardaydım ve yolculuğun hiç de iyi gitmediğini fark ettim. Bu yolculuğun derinliklerinde ardı arkası kesilmeyen meseleler ve acılar vardı. Bu yolda yürümeyi düşünüyorsanız, bilin ki sonu gelmeyen acılar sizi bekliyor.

Bu yüzden, hayatı yaşamanın iki yolu vardır:

1. Bedeli ne olursa olsun acıyı umursamayarak, mutluluğa yoğunlaşmak.

2. Mutluluğun ne demek olduğunu unutarak acıya yoğunlaşmak.

Tabii ki başka bir yol daha var. Bu yol da hayatın mutlulukla acı arasında dans etmek olduğunu kabul etmemizdir. Acıyı umursamadığınızda acı yok olup gitmez. Acıyı iyileştirmeye çalışsanız bile acı hâlâ oradadır, çünkü hayatın bir parçasıdır.

Hayat hem acıyı hem de mutluluğu içinde barındırır.

Komik bir şey de başınıza gelebilir. Bunu kabul ettiğinizde, acıya ve mutluluğa isim vermekten de vazgeçersiniz. Mutluluğa bağlı kalma (1.örnek) takıntısını attığınızda ya da acıdan kurtulduğunuzda (2.örnek), sadece hayatınızı yaşar ve deneyip görürsünüz. Böylece bir şeyler arasında gidip gelmekten vazgeçersiniz.

Evet, böyle olabilirsiniz.

Bununla alakalı bir de şarkı biliyorum. Haydi, hep beraber söyleyelim:

Na nah nah nah na, Life is Life (Hayat yaşamaktır), Na nah nah nah na, Life is Life.

Na na na na na nah.

Na nah nah nah na, Life is Life (Hayat yaşamaktır), Na nah nah nah na, Life is Life.

Na na na na na nah.

Evet, bir Yunan adasında sahildeyim, akşamdan kalmışım ve güneşin altında kızarıyorum.

İngiliz bir aileye doğdum ve İngiliz'im.

Hayat yaşamaktır.

Öteki İnsanların Sizin Hakkınızda Ne Düşündüğüne Siktir Et Deyin.

Öteki insanların bizim hakkımızda ne düşündüğünü neden önemseriz?

Öteki insanların bizim hakkımızda ne düşündüğünü bazılarımız çok önemser. Birilerinin bizi onaylaması içimizdeki temel isteklerden biri gibidir. Bu isteği kendi çocuklarımda da görüyorum: Komik bir şey yaptıklarında onlara gülmemizi, özel bir şey yaptıklarında onları tebrik etmemizi istiyorlar. Çocukların aradığı onayı ve ilgiyi onlara verirsek, özsaygı duygusunu geliştirirler. Başka bir deyişle, dış dünyadan aldıkları onay ihtiyacının karşılanmasıyla, kendi kendini kabul etme, onaylama duygusunu geliştirirler.

Öyle görünüyor ki bizler büyüdükçe, kendimizi ne kadar onayladıysak bir o kadar da kendimizi tanımlarız. Daha önceki onay ihtiyaçlarımız karşılanmamış ise, kendimizi onaylama seviyemiz oldukça düşüktür (kendimizi onaylamamızı özsaygı olarak da adlandırabiliriz), böylece muhtemelen dış dünyadan onay istemeye devam ederiz.

Çocukluğumuzu sevgi dolu bir ortamda geçirmemiz özsaygımızı yüksek seviyelere taşır, bundan dolayı bir yetişkin olarak başkalarından sürekli onay alma isteğimizin ihtimali daha düşük olur.

Tabii ki, birçoğumuz bu iki sınırın arasında kalıyor. Bizler kudurmuş bir şekilde oradan buradan ilgi aramıyoruz, ama insanların bizim hakkımızda ne düşündüğü konusunda hassasız.

Diğer taraftan da, benim bunun hakkında belirli bir yargım yok. Hep dikkatimi çeken bir konu olmuştur. Özellikle başarı konusu. Özsaygısı az olan insanların başarı seviyeleri çok yüksektir, çünkü çocukken çevrelerinden hiç onay alamadıkları için bu insanların dış dünyadan abartılı derecede onay alma isteği vardır. Mesela yeni roller ve daha geniş kitlelere şarkı söylemenin yeni yolları için bitmek tükenmek bilmeyen enerjileri olan çok çok başarılı bir film ya da pop müzik yıldızını düşünün.

Marilyn Monroe gibi birini düşünün. Dünya ayaklarının altındaydı. Hatta dünyanın süper gücünün Başkanı da ayaklarının altındaydı (tamam, belki ayaklarının altında değildi), ama Marilyn Monroe kendine güveni olmamasıyla, kendinden şüphe etmesiyle ve özsaygısının olmamasıyla tanınır.

Tam tersini düşünelim ve özsaygıları yüksek olan insanların bir şeyleri "başarma" duygusunun eksik olduğunu, ağustos böceği misali hayatlarını yaşadıklarını görürüz.

O zaman başkalarının bizim hakkımızda ne düşündüğünü önemsemememizin iki sebebi var. Birincisi özsaygımız eksik olduğu için onların onayını istememiz.

Ayrıca bize başkalarının sizin hakkınızda ne düşündüğünün çok önemli olduğu öğretildi. Toplum içerisinde düzeni bozmadan başarılı bir şekilde yaşamamız öğretildi, başkalarına saygı duymalıyız, başkalarının canını sıkmamalıyız. İnsanlara yardım etmeliyiz, bize ne söylendiyse onu yapmalıyız, öğrendiklerimizi örnek almalıyız. Bizler de başkalarının bizim hakkımızda düşündüklerinin önemli olduğunu öğrendik, çünkü herkes böyledir, arkadaşlarınız, öğretmenleriniz, aileniz.

Başkalarının ne düşündüğünün bizim için önemli olmasının başka bir sebebi de gerçekten ne istediğimizi bilmediğimizdir. Bir insan hayatındaki amacını ve gayesini açık ve net bir şekilde belirlediyse, mesela İngiltere takımının kalesinde olmak gibi, her koşulda bu amacı gerçekleştirmeye kendini adar, çünkü ne istediklerini bilir ve istediklerini başarmada kendinden emin adımlarla ilerler. Yollarına çıkan ödevlerine daha çok çalışmalısın, daha düzgün bir iş yapmayı düşünmelisin, senden hiçbir şey olmaz vs. gibi bütün farklı eleştirel görüşleri saptırma güçleri var. Ne istediğimizi bildiğimizde, insanların bizim hakkımızda ne düşündükleri, bu amaca ulaşma peşinde çok daha önemsiz kalıyor.

İnsanların sizin hakkınızda ne düşündüğünü önemsememenin şüpheli tarafı

Bazı insanlar başkalarının ne düşündüğüne çok önem verir. Bazılarına göre ise bu hayatlarındaki engel ve kısıtlamadır. Güvenli ve tutucu insanlar tarafından çevrelenmişseniz ve siz bu insanların ne düşündüğüne önem veriyorsanız, bu içinde bulundukları güvenli, tutucu sınırlar içinden çıkmanız mümkün değil. Nasıl hissederseniz hissedin, arzularınız ne olursa olsun, çevrenizdeki insanları üzecek şeyleri yapmaktan körü körüne korkarsınız:

- Böylece eşcinseller karşı cinsle evlenirler.
- Böylece yetenekli şarkıcılar muhasebeci olur.
- Böylece komedyenler avukat olur.
- Böylece avukatlar barmen olur.

Bizim potansiyelimiz sınırsız. İnsanların ne düşündüğünü umursamanın şüpheli tarafı sizin sadece sizden istenilen güvenli şeyleri yapmanız olabilir. Herkes aslında kendi pişmanlıklarını ve korkularını başkasının üzerine yükler: Bir insan kendini sınırlandırdığında, şüphesiz, genelde çok etik bir biçimde, başkalarını, yapmaları gereken şeyleri yapmamanın verdiği derin acıyı telafi etmek için sınırlandırır.

Böylece biz de sıradaki konuya ayak basarız.

Öteki insanlar asla kişisel olmazlar.

Başkalarının sizin hakkınızda ne düşündüğünü önemseyince, her şeyi kişisel olarak algılamaya başlarsınız. Başkalarının ne düşündüğünü umursadığınız zaman çarpık bir dünya görüşü edinmek mümkündür. Başkalarından onay almak için ölürsünüz, aldığınızda da mutlu olursunuz. Ortamların aranan insanıysanız ya da ilgi odağıysanız, Larry kadar sevinirsiniz.(Hangi Larry'nin olduğunu bilmesem de, fakat eminim mutlu bir arkadaşımızdır, yoksa söylediklerimiz olmaz.)

Fakat herhangi ters bir hareket gördüğünüzde kendinizi kötü hissedersiniz. Eğer biri size "günaydın" demezse, nedenini merak edersiniz. Verdiğiniz yeni raporla övgüyle karşılanmazsanız, hayal kırıklığına uğrarsınız. (Ağır bir depresyondan bahsetmiyorum, sadece hayal kırıklığı.) Beğendiğiniz çekici kadın/erkek size pas vermezse, acaba ben çirkin miyim diye kendinizi sorgularsınız. Tezgâhtarın biri size kaba ve laubali davranırsa, sinirlenirsiniz.

Bir araba sizi otobanda sıkıştırırsa, arabanın arkasından onları öldürmek için kovalarsınız. Her şeyi kişisel olarak aldığınızda, dünyaya karşı paranoyak görüşünüz komik bir şekilde aşırıya kaçar. Hayatı çevresindeki kaba ve cahil insanlara karşı savaşmayla geçen birçok insan tanıyorum.

Bu yüzden, size "günaydın" demeyen insanı kişisel olarak algılayabilirsiniz: Belki de sizi sevmiyordur. Fakat otobanda sizi sıkıştıran adamın size öyle kaba davranmasının sebebi yüzünüzü ya da tamponunuzu sevmemesi değildir. Fakat gerçek şudur: Size her açıdan kişisel gelen bir şey kişisel değildir.

Haydi, bir örnek verelim. Cherly yerel bir haber kanalında çalışan haber sunucusudur. Haberleri kendinden on yaş büyük Keith ile birlikte sunuyor. Bir gün Keith, Cheryl ile oturup konuşur ve kişiselleşir: "Bak, Cherly, bunu söylemek çok zor, fakat söylemem gerekiyor diye düşünüyorum, belki sonunda bu sana yardımcı olur. Şöyle ki, stüdyoda diğer erkeklerle senin uygunsuz davranışlarını gördüm. Kaba davranmak istemem ama bu davranışların iş yerinde kabul edilemez. Yasak demiyorum ama profesyonelliğe aykırı ve insanlara iyi bir izlenim vermiyor. Bu meslekte zirveye çıkabilmek için profesyonel olman gerekiyor. Bu yüzden, Cherly, bunları kimseye söylemeyeceğim, sen de kendini tut ki burada mutlu olasın.

Gerçek şu ki Cheryl bekâr bir kadın ve stüdyodan birkaç erkekle çıktı. Uzun süreli bir ilişkisi olmadı ve herkesin onun "kaşar" olduğunu düşünmesi fikri Cheryl'i dehşete düşürüyor.

Bu yüzden Keith'in sözleri onu çok yaralar. Bu sözleri kişisel olarak algılar ve kişisel olarak derinden hisseder. Çok üzülür ve saatlerce ağlar.

Bu da Keith'in aslında ne demek istediğinin çevirisi:

"Bak, Cherly, bunu söylemek çok zor, fakat söylemem gerekiyor diye düşünüyorum, belki sonunda bu sana yardımcı olur. (Bak, Cheryl, keşke söylemem gereken şeyi söyleyebilsem, ama benim hakkımda ne düşüneceğinden korkuyorum.) Şöyle ki, stüdyoda diğer erkeklerle senin uygunsuz davranışlarını gördüm.

(Bu da beni çıldırtıyor ve çok kıskanıyorum.) Kaba davranmak istemem ama bu davranışların iş yerinde kabul edilemez.

(Neden beni hiç görmüyorsun? Asıl benim seni seven.) Yasak demiyorum ama

(Yanlış bu, nefret ediyorum, çünkü benim olmanı istiyorum),

Profesyonelliğe aykırı ve insanlara iyi bir izlenim vermiyor.(Çıldırıyorum, bu herifleri senden uzak tutacak bir şeyler yapmalıyım.) Bu meslekte zirveye çıkabilmek için profesyonel olman gerekiyor.

(Eğer beni istersen, sana oraya gitmende yardımcı olurum.) Bu yüzden, Cherly, bunları kimseye söylemeyeceğim, (Fark et beni, BENİ.) Sen de kendini tut (çok güzelsin Cheryl), burada mutlu olasın

(Benimle ol, o zaman mutlu olursun. Seni seviyorum)."

Cherly'i üzen şey aslında bir serenattı. Bütün olumsuz kelimeler Keith'in korkularından, güvensizliklerinden ve yargılarından geliyordu.

Birileri sizinle açıkça "kişisel" olduğunda, kendi olumsuz duygularını açığa vurur. Siz onların karanlık tarafının aynası olabilirsiniz: Kabul etmedikleri bir parçalarının. Belirli sebeplerden dolayı sizi kıskanıyor olabilirler. Belki o gün kafaları bir şeye bozulmuş, onun hırsını da sizden çıkarıyor olabilirler. Fakat neredeyse her zaman bazıları sizinle kişisel olur, bu kişiselleşme sizden daha çok onlarla ilgilidir.

Bu yüzden bir şeyi kişisel olarak almanın mantığı yoktur, çünkü sizinle alakalı bir durum yoktur ortada. Tabii ki, çok ağırsanız, gidip komşunuzun üzerine şaka diye oturduysanız ve o da boğulmaya başladıysa, "Kalk üzerimden, seni şişko velet, öldüreceksin beni, seni dobişko moron," bu kişisel olarak algılamanız gereken bir cümledir, yani sizinle ilgilidir, komşunuz da haklıdır.

Ben de komşunun üzerinden kalkar, eve gider ve kendimi iyi hissetmek için en sevdiğim diziyi izleyerek dondurma yerdim.

Herkesi mutlu edemezsiniz.

Eğer başkalarının seni onaylaması senin için önemliyse,

çok önemli bir sorunla karşılaşacaksın: herkesi her zaman memnun edemezsin.

Bu bir gerçektir. İnsanlar için ne kadar çabalarsan çabala, bazılarını her zaman hayal kırıklığına uğratır, üzer ve kızdırırsın.

Çünkü herkes farklıdır. Her insanın kendine özgü GBK yani Genetik Bombok Kodu vardır. Birçok insan boku yemiştir ama herkesin bok yeme tarzı apayrıdır. Bu demektir ki ne kadar insanları mutlu etmek için uğraşırsan uğraş, birilerinin bombok mizaçlarına ters düşeceksin ve bunun için öldürüleceksin.

Gerçekten isteseniz de çoğu zaman birçok insanı mutlu edemeyeceğiniz bir gerçektir, çünkü insanlar mutlu olmayı beceremezler. Onlar başkalarını basitçe "onaylamak" ile mutlu olmazlar. Sende onları kızdıran, onlara bayağı gelen bir şey bulmayı tercih ederler, bu da onları biraz olsun mutlu eder.

Fakat insanların ne düşündüğüne bu kadar önem verirseniz, bu sizi dipsiz kuyulara çeker.

Herkesi mutsuz mu yapmak istiyorsunuz?

Ailenizden ve çevrenizdeki insanlardan onay alma girişimleriniz başarısızlıkla sonuçlandıysa, küplere binme ihtimaliniz yüksektir. Eğer bu durum ergenlik döneminizde gerçekleşiyorsa, bütün dünyanız sarsılır.

Kimse size tatlı bir söz söylemez. Siz de insanların sizi sevmesi için o kadar çok zaman harcarsınız. Sonunda karşılık vermeye karar verirsiniz. Bu da dünyaya "Tamam, sizin ilginizi istedim. Yaptığım bütün iyi şeylerin karşılığında bana bunu vermeyecekseniz, şimdi vermek zorunda kalacaksınız. Sizi mutsuz alçaklar, beni artık göz ardı edemeyeceksiniz, çünkü artık bombamı patlatacağım."

İşte şimdi işlerin karıştığı zamandır. Kız ve erkek çocuklarının, kadınların ve erkeklerin kargaşaya sebep olduğu ve amaçlarını gerçekleştirdikleri zamandır: İstedikleri ilgiyi alırlar.

Sonunda herkesi mutsuz eder ve korkuturlar. Hepsinin yaptığı sadece sevgi istemekti ama her şey öylesine karıştı ki!

İnsanların sizin hakkınızda ne düşündüklerini daha az önemseme konusunda konuşarak, babanızın arabasının üzerine "Polisler serserinin ta kendisidir," diye yazan ya da kilise koridoruna ışık tutan bir Mohikan büyütün demiyorum.

İnsanları Gerçekten Sinirlendiren Şeylere Siktir Et Deyin.

İnsanların sizin hakkınızda ne düşündüğüne ne kadar önem verdiğinizi düşünmelisiniz, çünkü hem hayatınızdaki değişik şeylere Siktir Et demeye hem de insanları sinirlendirmeye başlayacaksınız.

Bu kitabı okumadan önce, çevrenizdekilerle bir komplo anlamı içindeydiniz. Siz ve çevrenizdeki herkes hayatınızda değişik şeylere kısmen olağan anlamları yüklüyordu, böylece önemli olanı paylaştığınız deneyimleriniz olmuş olacak.

Dünyadaki yerinize harika bir şekilde uyum sağlarsınız. Aileniz sizden bir şey olmanızı ve belirli davranışlarda (farklı anlamları nasıl anladığınızla alakalı) bulunmanızı ister. Arkadaşlarınız, çalışma arkadaşlarınız, patronunuz ve dünyanın diğer kalan kısmı, hükümet de dâhil (Örneğin, sizin gibi bir insanı, vergilerini ödemesini görev bilen biri olarak görürler.) herkesin sizden beklentisi aynıdır.

Bu dengeyi bozmaya başladığınızda, anlam dünyanız birazcık değişmeye başlar. Normal bağlarınızdan ve anlamlarınızdan Siktir Et diyerek kendinizi özgür bıraktığınızda, insanlar size kızmaya başlar.

İşte bu sebeple çevrenizdeki insanlar derinliklerde sorunlarının nedenlerinin sayısız anlamları olduğunu bilirler. Herkes aynı şeyi yaptığında bu acıya katlanmak kolaydır, fakat siz başka bir çıkar yolun olduğunu gösterir göstermez, sizi kıskanmaya başlarlar. Derinliklerindeki bir şeyler, arzuladıkları özgürlüğü hisseder. Fakat bu aklınızı kibarca onlarla paylaşmak isteseniz bile kapınıza ya da masanıza nazikçe gelip sizinle irtibata geçmeyeceklerdir; sizi geri çevirecek, eleştirecek ve sizin berbat bir halde olduğunuzu düşüneceklerdir.

İşte bu yüzden birinin gösterdiği gerçek özgürlük belirtisi herkese içinde yaşadıkları hapishaneyi hatırlatır ve hapishaneler özellikle son günlerde içinden çıkması çok zor yerlerdir. Ölüm ile ilgili meselelerinizi ve duygularınızı gerçekten irdelediğinizi ve ölümün sizi artık daha az endişelendirdiğini düşünelim.

Birçok bağlamda ölüme Siktir Et dediniz. Ölüm sizin için anlamını biraz yitirdi. Yakınlarınızdan biri öldüğünde, birazcık yas tutarsınız, ama uzun bir süre de karalar bağlamazsınız. Birlikte yaşadığınız güzel günleri hatırlarsınız. Fakat abartmadan kısa bir süre hatırlar sonra hayatınıza geri dönersiniz.

Çevrenizdekiler, aileniz tuhaf ve duyarsız davrandığınızı düşünür. Siz ölüm dramına kendinizi kaptırmak istemezsiniz, beklenen yas tutma dönemine uygun davranmazsınız.

Bu yüzden insanlar sizi eleştirir.

Ölüm korkusu bir tepki beklentisi yaratır. Eğer bu beklentiyi karşılamazsanız, eleştirilirsiniz. Sonunda insanlar bunu kişisel olarak alır ve "Peki, ölene çok değer vermiyormuşsun gibi bir halin var; beni de mi umursamıyorsun? Ben ölürsem yine böyle hemen unutacak mısın beni?"

Anlam dolu dünyanın gücü bizim için azalmaya başladığında, dünyaları hâlâ anlam dolu olanlara meydan okuruz. Sizin nasıl biri olduğunuza tepki gösteren insanlara gülümseyin ve yavaşça Siktir Et deyin.

İnsanların sizin hakkınızda ne düşündüğüne Siktir Et demenin zamanı geldi. Onayın hayattaki öteki şeylerden farkı yoktur: Çok umursar, kendinizi ona göre yönlendirirseniz, canınızı yakar. İnsanlar ayaklarınıza kapanmış ve sizin ne kadar muhteşem olduğunuzu söylerse, mutlu olmayın demiyorum. Ama eğer bu dünyanın her kör olasıca vatandaşı size tapana kadar mutlu olamam diyorsanız, işiniz zor.

Bu yüzden, insanların sizin hakkınızdaki düşüncelerine Siktir Et deyin.

Kendinizi sıkarsanız, birazcık alıştırma yapabilirsiniz: İnsanların sizin hakkınızda ne düşündüklerini yazın ya da yüksek sesle söyleyin, sonra da bir büyük SİKTİR ET ile bu konuyu kapatın.

- Teyzem onun şekerlerini çaldığımı düşünüyor. Siktir Et.

- Gale Cranthorpe kız kardeşinden küçük olduğumu düşünüyor. Siktir Et.

- Bay Jessica benim tembel olduğumu düşünüyor. Siktir Et.

- Tanrı benim umutsuz bir günahkâr olduğumu düşünüyor. Siktir Et.

Bu dünyada hiçbir şeyin öneminin olmadığı gibi insanların sizin hakkınızda ne düşündüğü de gerçekten önemli değildir.

- Kendi yolunuzdan gitmenin tadını çıkarın.

- Herkes yönünü değiştirirken siz dümdüz gitmenin tadını çıkarın.

- Toplum içerisinde normalde yapmayacağınız bir şeyi yapmanın tadını çıkarın.

- Bir değişiklik yapın ve herkese doğruyu söyleyip herkesi mutlu etmeye çalışmaktan vazgeçin ve bunun tadını çıkarın.

- Eğer normalde işe zamanında gidiyorsanız, geç kalmanın tadını çıkarın.

- Sizi sinirlendirenlere karşı kaba davranmanın tadını çıkarın.

Başkalarının ne düşündüğünü daha az umursamanın zamanı geldi.

Siktir Et demenin ve özgürlüğün tadına bakmanın zamanı geldi.

Korkuya Siktir Et Deyin.

Korku ve Aşk

Hayatımızda egemen olan bariz iki karşı güç vardır. İyi ve kötü değil. Aşk ve korku. Evet, doğru: Aşkın karşıtı nefret değil korkudur.

Bu iki duygudan biriyle hareket ederiz.

Ya hayatı kucaklar ve severiz, *libido* diye adlandırılan bu kelimeyi çok severim, çünkü birçok insan bu kelimenin cinsel istekle alakalı olduğunu düşünür. Öyle dediklerinde ve "Evet, benim libidom yüksek" dediğinizde, sizin seks bağımlısı olduğunuzu ve Michael Douglas ile karanlık bir odaya tıkılmanız gerektiğini söylerler. Fakat libido tamamen yaşama aşkıdır. Libidonuz yüksekse, hayatınızı çok seviyor hatta arzuluyorsunuz demektir.

Hayatı arzulamanız hem Iggy Pop'un harika bir şarkısıdır hem de sahip olunacak en güzel duygudur. Hayata aşkla bakarsanız, kendinizi tamamen hayata açarsınız.

Bu durumun tam tersi de korktuğumuz zaman ortaya çıkar. Korktuğumuz zaman kendimizi hayata kapatırız. Korktuğumuz zaman içimize kapanır, kendimizi saklarız. Kendimizi deneyimlerden uzak tutarız. Birçoğumuz sürekli bu iki durum arasında yılanlar ve merdivenler oyunu gibi gidip gelir. Aşk merdivenlerine bağlıyız, hayatı olduğu gibi içimize çekiyoruz. Daha sonra korkunç yılanlara çarpıyoruz, hayattan uzaklaştığımız gibi yılanlardan kayıp düşüyoruz. Güzel bir benzetme oldu, çünkü birçoğumuzun deli gibi korktuğu şeylerden biri yılanlardır. Bu da sıradaki konuya güzel bir geçiş olur.

Bir şeylerden korkmak gayet doğaldır.

Hayatta korkmanın anlaşılır olduğu bazı durumlar vardır. Yılandan ve böcekten korkmak gayet doğaldır, nerede yaşadığına bağlı olarak da bunlar insan sağlığı için tehlike yaratabilir. Doğuştan yılandan korkuyorsanız, bir yılan gördüğünüzde, adrenalin salgılanmaya başlar ve daha hızlı ve uygun bir şekilde hareket edersiniz.

Bazı insanlar kandan "korkar" ki bu korku da gayet doğaldır, çünkü atardamara ait ışıl ışıl akan kırmızı kanı gördüğümüzde, bir şeylerin ciddiyet taşıdığını anlarız.

Bu doğal "korku"larla ilgili olan sorun ise korkuların çığırından çıkabiliyor olmasıdır. Kan korkusu, akan kanı hızlıca durdurmak yerine kanı gördüğünüzde sizi bayıltabilir.

Korkmak yerine tehlikelerin farkında olmak fikrini tercih ederim. Araba sürmekten korkmak değil, araba sürmenin ne kadar tehlikeli olduğunun farkında olmak önemlidir.

İşlek bir yolda karşıdan karşıya geçmenin risk taşıdığını, ama karşıdan karşıya geçmekten korkmamanız gerektiğinin farkında olmanız sizin için faydalıdır. Tipide dik bir yamaçtan aşağıya doğru kaymanın tehlikeli olduğunu bilmek, ama kaymaktan korkmamak mantıklıdır.

Çok doğal bir seviyede, canımızı yakma ve hatta bizi öldürebilme potansiyeli olan şeylerden korkarız, bu da içimizdeki korkunun kaynağıdır.

Korkunun kaynağı

İçimizdeki "korku", sadece bir şişkinlik değildir, hayatımızı üzerine kurduğumuz çuval dolusu şeylerdir. Korku, acı deneyiminden gelir. Acıyı tattığımızda, doğal olarak sevmeyiz ve bir daha acıya maruz kalmak istemeyiz. Böylece acı deneyimi korku halini alır.

Örneğin, her gün havuçları favori bıçağımızla kesmemiz çok hoşumuza gidebilir, ta ki bir gün elimizi kesene kadar. Elimizin acısı keskin bıçak kullanma korkusu yaratır. İşte korku çuvalımıza bir yenisini daha ekledik. İş yerinde toplantılarda konuşmayı sevebilirsiniz, ta ki bir gün keyfiniz bozuk olur ve tam da harika öneriler sunacağınız anda ne diyeceğinizi şaşırana kadar. Takılıp saçmalarsınız. Ne dediğiniz hakkında hiçbir fikriniz olmaz ve özür dileyerek durumu düzeltmeye çalışırsınız. Oysa hissettiğiniz utanç sizi içten içe kemirir ve duyduğunuz acı bütün gün yakanızı bırakmaz. Öteki önemli bir toplantıya girdiğinizde, birden fark edersiniz ki konuşmaktan korkuyorsunuz. İşte torbanıza bir korku daha.

Bildiğimiz üzere hayatla olan sıkıntı, bizim için anlamlı olan şeylerin canımızı acıtma potansiyelinin olmasıdır. Bu yüzden, herhangi bir şeyden ya da her şeyden korkmak mümkündür. Bazı insanlar aşkta yaşadıkları önceki acı deneyimlerinden dolayı âşık olmaktan korkar. İnsanlar önceden yolunda gitmeyen şeyleri yapmaktan korkarlar. Bazı insanlar, evlerinin dışında yaşadıkları acılardan dolayı evlerinden çıkmaktan korkarlar.

Bu sürecin çok doğal olduğunu unutmayalım. Korku torbasının çok aşırı bir şekilde genişlemesi bile gayet doğaldır ve bu hepimizin katıldığı bir gerçeğe dayanır: Acının hissedilmesi, daha sonra korku duyulması.

İşte bu yüzden yaş ilerledikçe korku duygusu da giderek artar.

Bazı insanlara zaman, daha çok acı yaşama ve korku geliştirme fırsatı sunar. Bu, yaşlı insanların daha korkak ve çekingen olma sebeplerinden biridir.

Ama hepimiz tamamen korkusuz gibi görünen insanlar tanırız. Maceracı ve kendinden emin bu insanlar dışarıda bir yerlerdedir ve hayatlarını çok sever. Fakat herkes kadar acı çekmişlerdir. Aslında dik bir yamaçtan, tipide, aşağıya doğru kaydıklarını ya da tam köşede araç solladıklarını düşünürsek herkesten daha çok acı çektiklerini söylemek mümkündür.

İşte bence bütün olan budur. Korku bölümümüz acıyla ne kadar karşılaştığımıza bağlı değil, acıya nasıl cevap verdiğimize bağlıdır. En başa, yani doğumumuza bir dönelim. Hayatın acı ve mutluluk olduğu fikrini kuvvetlendirmek için, diyebiliriz ki doğumumuz da acı ve mutluluk doludur. Rahimden dışarıya ilk çıktığımız o an, bize çok acı verir. İlk nefesimizi almak çok zordur. Anne karnında alıştığımız bir sıvı yoktur dışarıda. Dışarısı daha aydınlık ve daha soğuktur.

Bizde kalıcı etki bırakan doğum değil, içine doğduğumuz ortamdır. Gerçek acının aynı seviyesi odada bulunan insanların buna nasıl tepki verdiğine bağlı olarak değişik etkiler gösterir. Eğer korku ve panik dolu bir odaya doğduysanız, bu odanın sakin ve sevecen insanlarla dolu bir odadan çok farklı bir etkisi olacaktır.

Acıyı nasıl yorumlayacağımız hakkında bize, hayatımızın başlarında öğretilen yol budur. Bir acı yaşadığımızda, çevremizdeki insanlar buna karşılık verir, daha sonra da bize aynı şekilde karşılık vermemizi öğretirler. Çocukken hasta olursak, çevremizdekiler huzursuz olur ve korkarlarsa, öğreniriz ki böyle acılara karşılık vermenin yolu budur. Çocukken bir yerimizi yakar ya da kesersek, bir yetişkin bu büyük bir sorun haline getirirse, biz de böyle bir acıya bu şekilde karşılık vermeyi öğreniriz.

İşte bu bizim acının her şekline nasıl karşılık vermeyi "öğren"diğimizdir. Bu bize kalan bir mirastır. Ailelerimiz, kendi karşılıklarını ailelerinden "öğrenmişlerdir", daha sonra doğrudan bize geçmiştir.

Bunu şöyle indirgeyebiliriz: Ya acı çekmeyi kabul edip kendimizi güvende hissetmeyi öğrendik, ya da kabul etmedik.

Acı çekmek iyidir.

Birçoğumuz acı çekmeyi kabul etmemiş ve acı çekmenin iyi olduğunu düşünmemiştir. Birlikte yaşadığımız acı torbasının büyümesini sağlayan işte budur.

Bu yüzden acı konusunda nasıl olduğunuza bakmaya başlamanızın zamanı geldi. Küçük ya da büyük bir acıda nasıl paniklediğinizi görebilirsiniz.

Parmağınızı kestiğinizde ya da grip olduğunuzda, duymak istemediğiniz bir şeyleri duyduğunuzda ya da telefonda kötü haber aldığınızda, nasıl paniklediğinizi anlayabilirsiniz.

Kendinize ilk olarak panik yapılacak bir şeyin olmadığını söyleyin. Olumlama oyununu daha önce oynadım ve insan üzerinde çok etkili olabiliyor. "Ne hissedersem hissedeyim güvendeyim. " Bu oyun en çok sevdiğim oyunlardan biridir.

Çok güzel değil mi, çünkü hislerinizi bastırıp kendinizi olumluyorsunuz. Açıkça kendinizi güvende hissetmiyorsunuz ama kendinize güvende olduğunuzu söylüyorsunuz.

Denemeye değer.

Acıya verdiğimiz karşılıkların, korkularımızın kalbi olduğunu düşünürsek, bu bölümü Acıya Siktir Et Deyin diye adlandırabilirdik, çünkü acınıza çözüm bulduğunuzda korkunuzu da yenersiniz.

Bu yüzden acıya Siktir Et demeye başlayın. Acıya verdiğiniz karşılık koşullanmış bir tepkidir ve bütün koşullanmış tepkiler tersine çevrilebilir. Herhangi bir acıyla karşılaştığınızda, sadece Siktir Et diyerek ani tepkinize karşılık verin.

Güvendesiniz, merak etmeyin. Sonunda hiçbir şeyin önemi yok. Acıya teslim olun, böylece hayata teslim olabilirsiniz.

Acıya Siktir Et demeye başlarsanız, birkaç şeyi fark edersiniz. Korktuğunuz şeyler yok olup gitmeye başlayacaktır ve korkunuzun yerini libido yani aşk ve yaşama isteği alacaktır.

Bu sürecin gerçek bir devinirliği vardır: Ne kadar az korkarsanız, sizi daha önceden korkutan şeyleri yapmayı o kadar çok arzularsınız. Ne kadar çok yaparsanız, o kadar çok istediğinize ulaşırsınız, ne kadar çok yapabileceğinizi anlarsanız, o kadar çok yapılacak şeyin olduğunu anlarsınız.

Çok geçmeden, Leicester Meydanında gitar çalar, Kanada'da akarsu raftingi yapar, işinizi bırakır ve bir film yazarsınız ya da çekici Hugh Jackman'a gidip onun gerçekten çok çekici bulduğunuzu söyler ve onu sizin yazdığınız filmi izlemeye davet edersiniz.

Bu yüzden Acıya Siktir Et deyin, böylece Korkuya da Siktir Et demiş olacaksınız.

Siktir Et Deyin ve Bencil Olun.

Bizler akıl almak için öğretmenlere, gurulara ve din adamlarına gitmemiz gerektiğini düşünürüz. Fakat ne zaman uçağa binseniz, sonsuz akıldan bir parça yanınızdan gelip geçer. Bu durumda güvenlik mesajı verilen sürede gerçekleşir.

Bu güvenlik mesajlarını neden dinlemediğinizi anlıyorum. Fiyakalı parfümlerin ve pahalı saatlerin fiyat listesi hayatınızı kurtarmanızdan daha önemlidir, değil mi? (Hayır, haklısınız tabii, nasıl olsa uçak kazalarından kimse sağ çıkamaz, siz de ölmeden önce pahalı saatinize bakıp zamanı öğrenmek ve güzel kokarak ölmek istiyorsunuz.)

Tamam, kaçırdığınız şey şu: "Basınç azalması durumunda, oksijen maskeleriniz üzerinizdeki panelden düşecektir. Lütfen çocuklarınızdan önce kendi oksijen maskenizi takmayı unutmayın."

Çocuklarınıza bakmadan önce lafını duyunca hep şaşırıyorum. Tabii ki, sizin de bildiğiniz gibi, ilk önce hızlıca kendi sorununuzu çözüp, daha sonra çocuklarınıza odaklanmanız daha mantıklı, çünkü ölü olarak hiçbir işe yaramazsınız. Çocuklarınıza maskeleri takmaya uğraşırken, kendiniz nefes alamazsanız ölebilirsiniz. Fakat herkesten özellikle çocuklarınızdan önce, kendinize bakmanız için aldığınız resmi talimat sizi birazcık şaşırtabilir. Bu mesaja verdiğimiz şaşkın karşılığımızın arka perdesindeki şudur: Bam.

- Bencil olmak iyidir.
- Bencil olmak kötüdür.

Haberlerde bencil bir davranış falan duyarsanız, bu davranışı takdir etmeniz gerek.

Ama kız arkadaşınızın bencil davranışlarıyla karşılaşmanız hiç de hoşunuza gitmez.

Kimsenin bencilce davrandığından ötürü alkışlandığını duymamışınızdır. Kız arkadaşınızın da bencil bir yelloz olmasını istemezsiniz.

Hayatta karşılaştığımız ve sorgulamadan kabul ettiğimiz diğer şeyler gibi, özellikle eğer sıradaki Siktir Et anlayışıyla ilgileniyorsanız, buna şöyle bir göz atmanız yararınıza olacaktır.

Hayatınıza şöyle bir bakın. Bencil ve özverili olmayı göz önünde tuttuğunuzda, zamanınızı nasıl geçirdiğinizi dürüstçe bir düşünün. Ya da belki de bencil kelimesinin alışılmış anlamından uzak durup başka kelimeleri kullanıyor olabilirsiniz. Davranışlarınız kendinizin mi yoksa başkalarının mı ön planda olduğu amaçlar doğrultusunda yönlendiriliyor?

Paraya ihtiyacınız olduğu için, kendinize değer vermek için ve hatta keyfinize bakmak için çalışıyorsunuz, boş zamanlarınızı da mutluluk peşinde, kendinizi memnun etmek için tatile çıkarak vs. geçiriyorsunuz. Tamam, yeterince makul. Birçoğumuzun hayatı zaten böyledir.

Eğer bir aileniz varsa ve siz bir şeyleri kendiniz için değil de aileniz için yaptığınızı ileri sürüyorsanız, size bir şey soracağım: En başta neden bir aile kurdunuz? Kendiniz için değil mi? Ailenizin yanında olmaktan ve onlara destek çıkmaktan mutluluk duymuyor musunuz? Eğer öyleyse, bunu da kendiniz için yapıyorsunuz demektir. Normalde "iyi" insanlar olarak, daima çıkarlarımız dışında hareket ederiz. Ama özünde bencil yaratıklarızdır. Fakat bu kelimeyi yazarken bile, bir şeyi hesaba katmamız lazım: İma.

Hayır tatlım, bencil değiliz, öyle değil mi? En azından ben değilim, çünkü sokakta gördüğüm, yaşam boyu hesabımdan para kesecekleri bir hayır işi için beni durduran insanlara kulak veririm, aylık 5 pound civarında istiyorlar, tabii ki çok pahalı gibi görünmüyor ama hepsini toplayınca, özellikle hayat boyu olunca işler değişiyor.

Çünkü bankam bana sundukları formları kullanmamı istiyor, hani şubeden aldıklarımız, ben de onlara gerçek para vermeyi denedim ve dedim ki, "Bakın, şuan otomatik faturayı kabul edemem, ama işte size 10 pound." Onlar da "Kusura bakmayın, efendim ama nakit kabul etmiyoruz, sadece banka hesabından alabiliyoruz," dedi. "Harika" diye düşündüm, hayır kurumu paramı almıyor, nasıl bir dünya böyle? "Lütfen, efendim, açlıktan ölüyorum, lütfen banka hesabınızdan her ay aktarabilir misiniz?" yardıma ihtiyacı olan biri var ama siz ona para veremiyorsunuz, vay bu dünyanın haline...

Peki, bu yargı da nereden çıktı şimdi? Belki de her zamanki gibi kaynağı korkudur. Bencil olmama durumunu ahlak kuralımızın kalbinde barındırmadığımızda, kimsenin birbirini umursamayacağından ya da daha da önemlisi ihtiyacımız olduğunda kimsenin bizim yanımızda olmayacağından korkuyoruz.

Ama şöyle ki, kendinizi düşündüğünüz, bencil olduğunuz durumların tümünde başkalarına yardım etme kapasitemiz her zaman vardır. İnsanlar yardım edince mutlu oldukları için hayır kurumlarına para verirler. İnsanlar, kendi hayatlarında ne kadar şanslı olduklarına şükretmek için, kendilerinden daha şansız olanlara yardım ederler.

İnsanlar, hayatlarındaki amaç duygusunu edinmek için kendilerini başkalarının yerine koyarlar.

Bu durum, "iyi" insanların başkaları için ne yaptığının niteliğini azaltmaz, birçok insanın fark etmediği bir şeylerin farkına vardırır.

Bu da hayır kurumuna para verecek olursanız, fark edilmesi gereken önemli bir niteliktir. İnsanların kendilerine ya da ailelerine herhangi bir dönüşü olmayan bir şeye para vermeye pek de gönülleri yoktur.

Bu yüzden size "Afrikalı çocuk evlat edinme" olanağı sunan kampanyalar gayet başarılı bir şekilde devam ediyor. Yardım ettiğiniz çocuğun fotoğrafı size gönderilir ve o çocuk size teşekkür mektubu yazar. Harika değil mi? Birine gerçekten yardım ediyorsunuz ve bu yardımınızdan kendinizi düşünmenin verdiği bir haz alıyorsunuz.

Haydi, yine hayır dünyasına tekrar dönelim. Birçoğumuz zamanımızın ve paramızın çok az bir kısmını alır. Şimdi de bencil olmanın ve bencil olmamanın günden güne nasıl işlediğini incelemek için ailemize bir bakalım.

Ailemle harcadığım zamana baktığımda, "özverili" olarak adlandırabileceğim tek zaman, istemediğim şeyleri yaptığım zamandır. Çok yorgun argın olduğum ve oğlanlara bakacak gücüm olmadığı zamanlar, onlarla ilgilendiğim zamanlardır.

Daha sonra, "özveri" görevindeki azmimi belirtebilirim. Ailemle geçirdiğim zamanın çoğunluğunu kesinlikle "özveri" olarak adlandırmak istemem. Eğer ailemin isteklerini yerine getirmek için çalışıyorsam, bunu ailemi ve onları desteklemeyi sevdiğim için yapıyorum. Çocuklarımla kumsalda oyun oynuyorsam, bunu onlar için yapıyor olmam, benim özverili olduğum anlamına gelmez.

Bu yüzden, yalnızca aile meselelerimde, "özverili olma" durumu sadece mecbur kaldığımız durumlarda geçerlidir. Mutlu, mesut, bereketli, kahkaha dolu zamanlarda benmerkezciyiz, çünkü ne istiyorsak onu elde ediyoruz.

Özveride bulunmak, istediğin bir şeyi sırf başkasının istediği bir şey için feda etmektir.

İş hayatında, kazan-kazan sözünden bahsetmek bir zamanlar çok modaydı. Kazan-kazan, iki taraf arasındaki görüşmelerden çıkan birkaç muhtemel sonuçtan en cazip olanıdır.

Diyelim ki benim sandviç tezgâhım, sizin de futbol kulübünüz var. Şimdi, sokaklarda tezgâhla sandviç satmak yasal değil. Polis sizden, futbol kulübü sahibinden, bunu ortadan kaldırmak için yardım istedi. Bir yanda sandviç kokusu gelirken bir yandan da biz yüz yüze bu durumu konuşuyoruz. Siz de bana polise yardım etmek zorunda olduğunuzu söylüyorsunuz. Bu benim geçim kaynağım ve sizin taraftarlarınıza birçok sandviç satıyorum, onlar da çok beğeniyor diye size kendi durumumu açıklıyorum. Siz de içeride sandviç satan bir yer olduğunu söylüyorsunuz. Ben de size insanların stadın dışında takılırken de, arkadaşlarını beklerken de ya da turnike sırasındayken de sandviç yemek istediklerini söylüyorum. Siz de eğer böyle devam ederse, polisin bu sorun çözülene dek sizin peşinizi bırakmayacağını, böylelikle sizin kaybedeceğinizi söylüyorsunuz. Ben de polisle bir olursanız, işsiz kalacağımı ve benim ve taraftarların kaybedeceğimizi söylüyorum, çünkü onlar da istedikleri bir şeyden mahrum kalacaklar. (Ben kaybedersem, siz kazanırsınız ama mutsuz bir taraftarla zaten kaybetmiş olursunuz.) Böylece, otururur ve düşünürüz. Bakın, derim, sandviçlerim gayet lezzetli. Tezgâhım temiz. Her hafta sağlık ve güvenlik kontrolü yaptıracağım. Belki beni "yasal" bir satıcı yaparsınız. Tamam, beni içerde sandviç satıcısı yaparsanız hem polisleri hem de taraftarları memnun edersiniz. (Bu hemen hemen bir kazan-kazan olurdu, fakat son zerresine kadar istiyorsunuz.)

Tamam, ben de eğer "yasal" olursam, fiyatlarımı %5 artırıp, ekstra kazandığım parayı size nakit olarak vereceğimi, bana güvenebileceğinizi, benim de böylelikle sandviçlerimi satacağımı söylerim.

Kabul, dersiniz.

El sıkışırız. Böylece bir kazan-kazan durum görüşmesini göstermiş oluruz.

Dünyayla yaptığınız herhangi bir işlemde, kazan-kazan durumunda olmanız önemlidir. Benim ailemle bulunduğum durum böyledir. Sırasında oturan bir yetimin fotoğrafını elinde tutan bir hayırseverin durumu budur. Hayatın her alanında bulunabileceğin durum da böyledir.

Neden isteğinizi başkalarının isteği ya da ihtiyacı için feda edersiniz?

- İlişkiniz için mi?
- Aileniz için mi?
- İşiniz için mi?
- Arkadaşlarınız için mi?
- Sizden şanssız olan insanlar için mi?

Eğer isterseniz, bu kelime için yeni kelimeler üretebilirsiniz, mesela "aydınlanmacı çıkarcılık" ya da "uygun bencillik".

Ruhani çevrelerde, insanlar "doğrularından" bahsederler. Bu sanki "bencillik" kelimesinin üzerine oda parfümü sıkmak gibidir ki kimsenin bu kelimeyi fark etmemesini umarlar.

Bu yüzden, özverili olmaya Siktir Et demenin zamanı geldi. Eğer bir başkası için kendinizden ödün vermeye başladıysanız, görüşüp anlaşma yeteneklerinizi bilemek zorundasınız.

Özverili olmak bir kaybet-kazan durumudur. Hiçbir zaman işe yaramaz. Sonuna doğru kızmaya başlarsınız ve bu kazanmaya başlayan kişi için hiç de iyi olmaz. Bu ilişkiden sizin de az da olsa çıkarınız olduğunu düşünmeniz daha iyidir. Başkaları için yapabileceğiniz en iyi şey ilk önce kendinizi ortaya koymanızdır. Özverili bir dünyanın baskısı altında olmaya Siktir Et deyin ve bencil olun.

Hayatla dans ederken, ilk önce kendi oksijen maskenizi takın ve daha sonra derin bir nefes alıp başkalarına yardım edin. İnanın bana, yaptıklarınız için size teşekkür edeceklerdir.

İşinize Siktir Et Deyin.

Çalışmanın ne kadar boktan bir şey olduğu konusuna girmeden önce, birçoğumuzun çalışma hayatında ne kadar şanlı olduğunu hatırlayalım. Birazdan "eşsiz" kelimesinin geleceğini hissediyorum, siz de hissediyor musunuz? Hazır mısınız? Evet, bizler iş yerinde "eşsiz" özgürlüğün çağını yaşıyoruz. Tabii ki herkes ya da her yer için bu geçerli değil ama Batı'da yaşayanlarımız çalışma hayatında yeni yeni özgürlüklerin tadına bakıyorlar.

Birkaç iş alanı belirli gruplarla sınırlıdır, mesela, erkeklere, havalı aksanı olanlara, Oxbridge mezunlarına vs. Eğer işinizde iyiyseniz, yeteneğiniz varsa, elinizi attığınız işi yapabilirsiniz.

Mesela ailemin nasıl değiştiğine bir bakın. Bu örnekleri verirken özel aile sınırlarımızı aşacağım ama... Benim büyük büyük babam, Midland'te koskoca bir konakta uşak olarak çalışıyormuş. Büyük anne-babam tüm çalışma hayatları boyunca bir tekstil fabrikasında gece vardiyasında çalışıyorlarmış.

Büyük babam, babama iki tane kariyer seçeneği sunmuş: "Ya bir muhasebecinin ofisinde çalışırsın ya da bir hava gazı fabrikasında, delikanlı," ve babam da daha zekice ve paralı iş olan muhasebeciliği seçmiş. Ailemden kimsenin yeteneğini ve gücünü, meslekle eşleştiren bir kariyer "danışmanı" olmamış.

Onlar 100 tane şirketin emziğini emecekleri bir üniversiteye gitmemişler.(Tamam, tanıştığım bütün danışmalar bana muhasebeyi ve yönetim danışmanlığını önerdi ama...) Belki de ailede gerçekten oturup "Ne olmak istiyorsun?" soruna ilk cevap veren bendim. Cevabım yaratıcıydı, istediğimi oldum.

Tabii ki, hâlâ bir şeyler çok zor. Fakat yerel bir çağrı merkezinde (ya da şuan senin için hangi iş hazırdaysa, orada) çalışmak istemediğine karar verdiysen, evet, o işi yapmamanın, başka işlerde başarılı olmanın eşsiz fırsatları vardır.

Ama ama ama. Bütün bu özgürlük, bütün bu fırsat ve bütün bu zenginlikte çoğumuz hâlâ mutlu değil. Birçoğumuz çalıştığı işi ya da şirketi sevmiyor. Çalışmak, hayatımızın büyük bir bölümünü kapsıyor, ama birçoğumuz sabah dokuzdan akşam yediye kadarki çalışma hayatından memnun değil. İş hayatında her zaman bir sorun var. Bunun birinci sebebi beklentinin yüksek olmasıdır. İş yerleri gerçekçi olmayan beklentilerle ve aptal saptal klişelerle doludur. Kendiniz ve yaptığınızın iş hakkındaki beklentileri bir düşünün: Ailenizden, arkadaşlarınızdan, toplumdan, patronunuzdan, elemanlarınızdan, ortaklarınızdan, devletten vs. gelen beklentileri.

Yaptığımız işi bizi tamamlıyor diye yaparız, yani bütün bu maddi ihtiyaçlarımızı ve amaçlarımızı elde etme ihtimali vardır. Bir işten beklentimiz çok yüksektir. İş yeriniz ait olduğunuz en önemli topluluktur belki de. İşiniz bu yüzden birçok beklentiyi içinde barındırır. Buradaki sorun ise bu beklentilerinin çoğunun birbiriyle yarışmasıdır.

Aileniz akşam partilerinde böbürlenecek bir şey ister; eşiniz çok haneli bir ödeme çeki ister; patronunuz uzun çalışma saatleri ve verimlilik ister; siz de bir parkta oturup kitap okumak istersiniz.

Beklentileri ayırmanın zamanı geldi. Başkalarının sizden ne beklediğini, bu beklentilerinde sizin için önemli olup olmadığını ve sizin kendinizden ne beklediğinizi, bu beklentinin de önem taşıyıp taşımadığını çözümleyin. Sizin için pek de önemi olmayanlara Siktir Et demeye başlayın. Sizi mutlu eden ve sizin için önemli olan bir kaç şeye odaklanın. Geçen hafta Londra'da harika bir komedyen gördüm: Eğitimli bir araba yarışçısı (beklediğim bir şey değildi, çünkü eğitimli olmayan birçok yarışçı var) işine Siktir Et deyip stand-up yapmaya başlamış.

İş hakkında konuştuğumuz için, bu konuda da kendi klişemi tekrar gündeme getirmek istiyorum: Herkesi her zaman memnun edemezsiniz. Bu yüzden, boşuna uğraşmayın. Kendinizi mutlu etmeye bakın ve görün neler olacak. İşte ikinci sebepteyiz: Daha az beklenti. Neyi yapmak istediğinizi ve neyi yapmaya dayanamadığınızı belirleyecek kadar rahat olabiliyorsanız, kendinizi çözümlemek bazı beklentiler oluşturmak işe yarayacaktır. Çalıştığınız işe dayanamıyorsanız, bir ay içinde daha iyi bir iş bulabileceğinizi ümit edin. Olumlu değişiklikleri ummak, özellikle değişimin ne olduğunu kesin biliyorsanız, kesinlikle işe yarar. Devam etme, karar verme gibi konularda kendinizi çok strese sokmayın. Rahatlama yoluyla ne istediğinizi bildiğinizde, değişimin doğal olarak meydana gelmemesi çok zordur.

Çalıştığınız yerde devam edebilmeniz ancak aptal olmanız gerektiğini anladıktan bir gün sonra mümkün hale gelir. Başka bir yerde bir iş olduğunu söyleyen biri sizi mutlaka arayacaktır. Sizden beklenenlerden kurtulduğunuzda, beklentilerinizi sadece kendiniz için oluşturmaya başlayın.

İş bağlamında Siktir Et demek, sadece işinizi bırakmak demek değildir. Siktir Et dediğinizde, rahatlayıp yaptığınız işten daha çok zevk alabilirsiniz. Yaptığınız işi kabul etmenin en iyi yolu Siktir Et demektir. Böylelikle başkalarının ya da sizin gerçekçi olmayan beklentilerden dolayı hissettiğiniz mutsuzluğu fark edebilirsiniz. Yöneticilik işine mi soyunmak istiyorsunuz, bu işi istiyor ve kendinize uygun mu buluyorsunuz? Öteki seviyeye atlayıp çok çalışmaya ihtiyacınız gerçekten var mı? Ya da elinizde olan işle bunu yapabilir ya da daha az çalışabilir misiniz?

İş hakkında insanlardan duyduğum en yaygın cümlelerden birisi, "Ne yapmak istediğimi henüz bilmiyorum." Bu cümleyi sadece 20lerinde olanlardan değil, 30larına 40larına gelmiş insanlardan da duyuyorum. İnsanlar bu cümleyi yıllarca bıkmadan söylüyorlar. Bu da içlerinde bir yerlerde bir şeylerin doğru olmadığı hissini anlatan tek dile getiriliş. Bu huzursuzluğu dile getirmek için çalıştıkları alanı seçmişler, ama huzursuzluğun nedenleri muhtemelen daha karışık. Gerçekten söyledikleri şey, "Kendimi çözemedim ama sanki içimde bir yerlerde bir yanlışlık var."

Bu cümle size de tanıdık geliyorsa, "Henüz ne istediğimi bilmiyorum," cümlesinin arkasına saklanmaktan vazgeçmenin zamanı geldi. Siktir Et deyin ve kendinizi tanıma cesaretini gösterin. Kendinizden ve kendiniz için ne istiyorsunuz? Eğer isterseniz, bu konuyu ele almanızda size yardımcı olabilecek birilerini bulun, fakat bunun sadece işinizle ilgili olmadığını, hayatınızla ilgili olduğunu bilin. Birçoğumuzun karşılaştığı sorunun ne olduğunu sizin için tahmin ettim: İşteyken içimizde yarışan genellikle bilinmeyen birçok güç var.

Bu olayı son İngiltere yolculuğumda fark ettim: Herkes her şeyi olmak ister. İnsanların üstünde dayanılamayacak kadar çok "her şey" olma baskısı var. Hepimiz işte başarılı, evde (mutfakta, bahçede) uzman, çalışkan eleman, aile ve çocuk sahibi, ev sahibi ve zengin olmak istiyoruz. Sürdürülebilir yaşam tarzlarımızın olmasını, kültürel ve zihinsel olarak enerjik, rahat, huzurlu, görmüş geçirmiş, ayakları yere basan biri olmak istiyoruz.

Her şey performans kültüründe hızlanıyor. Yoga sınıfındaki insanlar bile nasıl hızlıca zor duruş olan *asana*'yı yapabileceklerini ya da *pranayama* egzersizlerinin hayatlarının her alanına huzur getirip getirmeyeceğini merak ediyorlar.

Bunu yazarken bile biraz gerildim.

Tabii ki, kendi isteklerinizi elekten geçirmek zordur. Bir evinizin olmasıyla kendinizi maddi anlamda güvende hissetmek, fakat daha az stresli bir işte daha az çalışmak istersiniz. Bazı istekler birbiriyle uyuşur, bazıları yarışır. Bu durumu çözmeye başlayın.

Ben mi? Ben genellikle çok çalışmam zaten. Neyi seviyorsam onu yaparım. İş hakkında yazmak hoşuma gitmemeye başladı. Ben de yazmaktan vazgeçtim, öyleyse devam etmenin zamanı.

Yaşadığınız Yere Siktir Et Deyin.

Geçen sene, birçok Britanyalı Fransa'ya, birçok Polonyalı da Britanya'ya göç etti. Dünyanın her yerinde insanlar Siktir Et deyip, ülkeden ülkeye göç ediyorlar. Benim açımdan ev değiş tokuşu gibi ülke değiş tokuşu yapabilmemiz daha kolay olurdu. On yıllığına ülkelerimizi değiştirirdik, daha sonra tekrar değiştirirdik.

Neticede, Polonya derme çatma gösterişsiz evler (Fransa gibi), deniz kenarında (İspanya gibi), İtalyan yemekleri (İtalya gibi) sunabilse, böylece koşuşturmadan yorulmuş bütün Britanyalılar, sıkı çalışmaktan başka bir şey istemeyen, bir servet yapma şansını ve bu serveti de serveti olan başka insanlar tarafından yapılmış şeylere yatırmak isteyen Polonyalılarla evlerini değiştirebilirdi.

Az çok on yıl sonra, Britanyalılar hayatlarında biraz canlılık isteyecekler (kültür, zenginlik ve şikâyet edecekleri bir şey) ve Polonyalılar da koşuşturmadan sıkılıp, daha kırsal bir ev, güneşte uzanıp İtalyan yiyecekleri yemeyi isteyeceklerdir.

Ben ülkeleri değiştirdim. Daha sıcak, rahat, sakin, mutlu ve daha az hırslı bir ülkede, İtalya'da yaşıyorum ve çok mutluyum.

İngiltere'ye geri döndüğümde, orayı da eşit miktarda ilham verici, motive edici, canlı, uğultulu vs. ama aşırı kalabalık, aşırı hırslı, zorlu, dağınık, gergin ve sinirli de buluyorum. Bu, zorunda olmadan (açlık, savaş vs.) bir ülkeden başka bir ülkeye taşınma yeteneği olan birçoğumuz için modern özgürlüğün başka bir tanımıdır.

Yeterince güneş varsa, neden daha fazlasını istemeyesiniz ki? Siktir Et deyin ve bir uçağa binin (ya da bir trene, hatta yürüyün). Fakat ilk önce şunu hatırlamanız gerekiyor: Nereye gidersek gidelim kendimizle beraberiz gideriz.

Bu tabii ki belli barizdir. Yani, kendimizden kurtulamayız. "Yanımıza almamız gerekenler: Pasaport, bilet, iskelet, iç organlar, kas sistemi ve arada olan her şeyi," diye bir liste yapamayız. Fakat sebebinin çevremizdekiler olduğunu düşündüğümüz sorunları alırız yanımıza.

Eğer yağmurdan, insanlardan, işinizden, gergin insanlardan dolayı mutsuz olduğunuzu düşündüğünüz için kaçıp gidiyorsanız, bir daha düşünün, çünkü bütün mutsuzluğun kendi içinizde olma ihtimali de vardır. Nereye giderseniz gidin, nasıl bir cennet bulursanız bulun, bütün mutsuzluğunuz er ya da geç ortaya çıkacaktır.

Şimdi, tabii ki, bunu fark etmeniz için her şeyi bırakıp başka bir yerde yaşamaya başlamanız gerekebilir. Şuan size bunu söylüyor olsam da, belki bana inanmayacaksınız, bu durumda devam edip bunun doğru olduğunu kendiniz kanıtlayabilirsiniz ve hayatınıza devam edersiniz. Ben bu deneyimi gayet biliyorum. Üç cüsseli adama eşyalarımızı toplayıp kamyonete yüklemede yardım ettim.

Herhangi değerli bir şeyi kırmasınlar ya da istediğimiz bir şeyi almayı unutmasınlar, istemediklerimizi almasınlar diye eşyalarımıza göz kulak oldum. Fakat bir şekilde kamyonette bir yerde bütün meselelerimiz, gerginliklerimiz, kızgınlığımız, sinirlendirici alışkanlıklarımız, mantıksız çalkantılı ruhumuz saklıydı.

İşte, buradayım şimdi, sizin cennet olarak düşündüğünüz yerde oturuyorum ve birçok aynı boktan şeyler burada da devam ediyor. Ama nereye gidersem gideyim bütün bunları yanımda götüreceğim gerçeğini anlamam beni özgürleştirdi. Hâlâ Londra'da bir masada otursaydım bu özgürlüğün tadına bakamayabilirdim.

Rahatlayın, gevşeyin ve gerçekten taşınmaya ihtiyacınız var mı anlayın. Kalmayı tercih ederseniz, o zaman hayatınızı ve ülkenizi olduğu gibi kabul edin. En kötüsü hayatınızın geri kalanını vatanınızda şikâyetlerle geçirmek ve bunu değiştirmek için bir şey yapmamaktır.

Aramaya Siktir Et Deyin.

Hepimiz birer arayıcıyızdır. Her zaman daha fazla anlam ararız hayatımızda. Arama hayatımızın çoğu kısmında kısmen bilinçsizce yapılır. İlişkilerimizde, arkadaşlıklarımızda, işimizde, paramızda, hobilerimizde, başka insanlara yardım "görevler"imizde anlam ararız.

Batı toplumlarında daha şanslıyız, çünkü birçok insanın istediğini elde etmek için benzersiz fırsatları var. Çalışma, eylem, inanç, cinsellik özgürlükleri daha çok yaygınlaştı.

Bu yüzden, anlam ve tatmin arayışınızda, kısmen daha hızlı bir şekilde istediğiniz yere varabilirsiniz. Gerçek anlamın ve tatminin hayallerindeki işe, ya da aşka ya da BMW'ye sahip olmada olduğunu düşünenler, eğer gerçekten bu yola baş koydularsa, bunları genellikle elde edebilirler.

Bir amaç gerçekleştiğinde ve istenilen nesne elde edildiğinde, bir sonraki amaca, nesneye geçeriz. Daha sonra bir sonrakine, sonra bir sonrakine. Bu böyle sürüp gider.

Bu böyle sürüp giderse de, insanlar artık öyle bir noktaya gelir ki "Bundan daha fazla hayat olmalı," diye düşünür ve ruhaniyete doğru yol alır. Harika değil mi? İşte bu yüzden zengin ve başarılı olmak kutsal bir şeydir. Bu da zenginliğin ve başarının aslında çok da anlamı olmadığı, zengin ve başarılı olmayanlardan daha hızlı anlama noktasına varmanız demektir.

Bu, tabii ki, sadece zengin ve akıllı insanların ruhaniyete doğru yol alacağı anlamına gelmez. Bu sadece arama alanının bir örneğidir. Anlamın ve tatmin duygusunun aşkı arama ve bulmaya dayandığını düşünüyorsanız, o zaman eğer "Bundan daha fazla hayat olmalı." cümlesini anlamak için yeterli insana ulaştıysanız, yeterli miktarda "anlamlı" ilişkiniz olduysa, bunu bir nimet olarak sayabiliriz.

Anlam ve tatmin duygusu İngiltere'deki teker teker her

treni işaretlemenizde yatıyorsa (örneğin, tren koleksiyonculuğu), o zaman onları mümkün olduğunca hızlı işaretleyebiliyorsanız, siz de "Bundan daha fazla hayat olmalı," cümlesini anlayabilirsiniz, bu da bir nimettir.

Herhangi bir sebepten dolayı, görünüşte insanlar anlamın peşindeki yolculuklarının sonuna doğru ruhani bir kimlik kazanırlar.

Son günlerde, "ruhani", muhtemel bütün eşyaların ve hizmetlerin olduğu bir süpermarket anlamına gelir. Önceden İngiltere'de sokağınızın köşesinde, herkese aynı şeyi satan sadece bir tane dükkân vardı. Konserve. Hıristiyanlık da geçmişin konservesidir. Konserveleri başka şeylerle katarak değişik tatlar elde edebilirsiniz tabii ki. Cipsli konserve, yumurtalı konserve, ezilmiş patatesli konserve, hatta konserveli konserve, tıpkı Protestan, Katolik ve Yehova Şahitlerinin olduğu gibi. Fakat hepsi sonuçta hâlâ konserve.

Son zamanlarda etnik, hazır, dondurulmuş vs. gibi muhtemel tatlar için bütün muhtemel yemek hizmetleriyle ilgili birçok sorun çıkıyor. Bu yüzden, bizler değişik düzenlenmiş dinlerden hepsini seçebiliyoruz: İslam, Hıristiyanlık, Hinduizm.

Din gibi görünenleri de seçiyoruz: Budizm. Yapılandırılmış ama din olmayan inançlar: Yoga, Şamanizm, Taoizm.

İnsanların yaptıkları şey ise tabii ki hepsinin tadına bakmak. Bir kaşık yogadan alıp, birazcık Budizm ekleyip, biraz da Taoizm'in tadına baktıktan sonra en son moda olan *The Power of Now (Anın Gücü)'nden* ve bolluk, bereket hakkındaki bazı gençlik felsefelerinden ve karmadan araya biraz serpiştirmek.

Tabii ki onlar hiç et yemiyorlar ve bazen süt ürünleri bile üretmiyor, ekmek yemiyorlar. Fakat kasaya ellerinde bir sepet dolusu yiyecekle gidiyorlar.

Şimdi dükkânlar daha önce satmadıkları her şeyi satıyorlar: Kıyafet, kitap, DVD. İşte bu, alternatif tedavi dünyasıdır. Bu dünyada sıradan bir masajdan Çin ilaçlarına, Reiki'ye ve homoepati'ye kadar her şey var ve bu ekstraların hepsi "Masajın beni sakinleştireceğine inanıyorum," gibi basit olsalar bile sizin yeni inanç sisteminizin ruhani yanlarıdır.

Eskiden bir dükkâna gittiğinizde, bir teneke konserve ve biraz patates aldığınızda, başka birinin de aynı şeyleri alma olasılığı vardı. İnançlar ve dinler de böyledir: Neredeyse aynı şeyi yapıyoruz.

Şimdi kasalara giden sepetlere ve alışveriş arabalarına bakarsanız eğer, hiçbir şeyin aynı olmadığını görürsünüz. Sepetler tuhaf tuhaf çok çeşitli ürünlerle doludur.

Birçoğumuz için inanç sistemlerimizle de olan durum böyledir: İnançlar birbirinden farklıdır ve kısmen karışıktır. Fakat çok temel bir seviyede, hiçbir şey değişmemiştir: İnanç ve maneviyat, oldukça anlam doludur ve birçok insana göre her şeydir. Daha önce de anlam konusunu konuşmuştuk, anlam hayatla çeliştiğinde gerginlik ve acı yaratır. Bu sebeple, inancınız/maneviyatınız/dininiz ne kadar anlamlı olursa, o kadar çok acı ve gerginlik potansiyeli vardır:

- Eğer eşcinsel olmayı yanlış olarak değerlendiriyorsanız, eşcinsel insanlar sizi gerecek ve peşin hükümlü yapacak.
- Evlenmeden önce cinsel ilişkiye girmenin yanlış ol-

duğunu düşünüyorsanız, her şehvet ve arzu anınız sizi çılgına çevirecek.

- Berekete inanıyorsanız ve paranızı bağışladıysanız, karşılığında on kat fazlasını alamamanız sizi kızdıracak.

- Her yerde barışın gücüne inanıyorsanız, o zaman savaşlar sizi üzecek.

- Alçak gönüllülerin dünyanın varisi olacağına inanıyorsanız, o zaman zenginin ve güçlünün bu esnada iyi vakit geçiriyor olması sizi sinirlendirebilir.

- Bir kadının baştan ayağa kendisini örtmesi gerektiğine inanıyorsanız, o zaman açık giyimli kadınların vücudu sizi sinirlendirebilir.

- Tanrının kendi zamanı olduğuna inanıyorsanız, bu zamanı çok da beğenmezsiniz.

- Kötülüğün gücünün yok edilmesi gerektiğine inanıyorsanız, bunu başarmak için "kötü" eylemlerde bulunabilirsiniz.

- Cevabın ahrette olduğuna inanıyorsanız, bu hayattaki cevabı kaçırıyorsunuz.

- Önceki yaşamlara inanıyorsanız, şimdiki zamanınızın sorumluluğunu almayabilirsiniz.

- İsa'nın geri gelip sizi kurtaracağına inanıyorsanız, kurtarılmanız gereken bir şeyin olmadığını unutuyorsunuz.

- Yargılamamanın barışa giden yol olduğunu düşünüyorsanız, kendi yargılarınız canınızı yakacak ve sizi suçlu hissettirecek.

İşte size evrensel bir şaka: Hayatlarımızdaki arayış bizi

hayatlarımızdaki anlamın ötesinde bir anlam bulmaya götürür. Aşklarımız, paramız, başarılarımız yeterli değildir, bu yüzden daha fazlasını ararız. Daha fazlasını da genellikle "görülmeyen"i içeren maneviyatta ararız.

Oysaki her şeyin cevabı muhtemelen şunda yatar: Daha fazla anlam değil daha az anlam aramak.

Hayatlarımızda anlamlı olan şeylerden anlamlarını soyup çıkardığımızda, huzuru ve kutsal olanı buluruz. İşin şakası budur:

- Tanrı bizim bildiğimizden fazlası değildir, bildiğimizden daha azıdır.
- Ne kadar az ararsanız, o kadar çok bulursunuz.
- Ne kadar az isterseniz, o kadar çok alırsınız.
- Ne kadar az bakarsanız, o kadar az görürsünüz.
- "Sizden" ne kadar az olursa, "ondan" o kadar çok olur.

Eğer biz daha fazlasını aradığımızda Tanrı azsa, o zaman ruhaniyet inananların kurtarıcısı değildir. Ruhaniyet olduğu gibi her şeydir. Herkes, her şey gibi ruhanidir. Yaptığınız her şey kutsal ve ruhanidir:

- Eğer kızgın ve üzgünseniz, bu ruhanidir.
- Eğer kıskanırsanız, bu ruhanidir.
- Eğer açsanız, bu ruhanidir.
- Bir tane Porsche'unuz varsa, bu ruhanidir.
- Patronunuzu boğduysanız, bu ruhanidir.

Hiçbir şey ruhani değildir.

Bu demektir ki ruhani ya da "iyi" olmak için yapmak zorunda olduğunuz bir şey yoktur. Bir yere gitmek ya da bir şeyi başarmak zorunda değilsiniz. Her şeye Siktir Et diyebilir ve ruhani olabilirsiniz, çünkü ruhani olmamak imkânsızdır.

4. Bölüm

Siktir Et Demenin Etkisi

Hayata Siktir Et Dediğinizde Hayat da Size Karşılık Verir.

İki çocuğunuzu alıp Çin restoranına götürdünüz. Flynn beş, Lizzie yedi yaşında. Çok yorgunsunuz. Kızarmış ördek istediniz ama siparişinizin gelmesi biraz uzun sürdü, çocuklar da sabırsızlandı. Flynn, önündeki kolalı servis peçetesini açtı ve kafasına koyarak bir hayalet gibi "vuuuuuu, ööööö" gibi sesler çıkardı. Lizzie, size bir şey deme fırsatı bırakmadan aynısını yaptı.

"Vuuuuuu" sesleri gittikçe yükselmeye başladı ve çocuklardan susmalarını istediniz: "Restorandayız çocuklar, başkalarını rahatsız edebilirsiniz." Gerçekten de çevremizdekiler rahatsız olmuşa benziyordu ki durup durup size bakıyorlar.

Susmalarını söylemenizin çocuklar üzerinde pek bir etkisi olmadı. Şimdi çocukları susturmak için yapabileceğiniz birkaç hareket var:

1. Ağırlığınızı koyup, çocuklarınızı kontrol etmek için hangi yöntemi kullanıyorsanız onu kullanabilirsiniz. ("Size dondurma almam," diyerek rüşvet yöntemini kullanabilirsiniz, "Eve

gidince, sizi babanıza söyleyeceğim," diyerek onları korkutabilirsiniz.)

2. Pek de ağırlığınızı koymazsınız, ama çocuklarınızın sizi dinlememesine giderek sinirlenirsiniz. Bu da genellikle sizin açınızdan bazı patlamalarla sonuçlanabilir.

3. Teslim olabilir ve siz de onlara uyabilirsiniz.

1. hareket, eğer yönteminiz iyiyse ya da yeterince korkutucuysanız işe yarar. Böylelikle sorunu halledebilirsiniz, ama çocuk çocuktur işte. Onların sizden çok korkmasını sağlayamazsanız, onları kontrol girişimlerinize sürekli karşı çıkarlar.

2. hareket çocuklarınızı kontrol etmek için ciddi hiçbir girişimi barındırmaz, fakat yaptıkları hareketi kabul de etmezsiniz. Bu umutsuz bir durumdur ve başınızı çok ağrıtır.

3. hareket yapılacakların en zoru ve risklisidir, çünkü bu hareket ailelerin çocuklarına anlattığı sınır ve disiplin hakkındaki her şeye karşı koyar. Şöyle düşünün: Sizde servis peçetesini kafanıza koydunuz ve "vuuuuuuuuu" demeye başladınız. Çocuklar buna bayıldı ve hep bir ağızdan "vuuuuuuuuuu" demeye devam ettiniz. Fakat ne olacak biliyor musunuz? Birazdan sıkılıp, daha sessiz ve başkalarını daha az rahatsız eden bir şey yapacaklar. Hemen sonra insanlar da az önce rahatsız edildiklerini unutacaklar.

Çocuk yetiştirme söylemlerini bir yana bırakalım ve bir çocuğa hayatın bir benzetmesi gibi bakalım.

Daha önce de konuştuğumuz gibi birçoğumuz hayatlarımızı en küçük detaylara varana kadar kontrol etmeye çalışırız. 1. hareketi kullanan aileler gibi aslında hayatı kontrol etmek için çok gelişmiş yöntemlerimiz var.

Bu yöntemlerin bazılarını ailenizin kullandığını görebilirsiniz. Aileler hayatı kontrol etme oyunun eski ustalarıdır. Gençken sahip oldukları daha çok maddi kaynağında yardımıyla, hayatlarındaki bütün huzursuzlukları ortadan kaldırmaya çalışırlar.

Rahat rutinler oluşturup, evlerini rahat eşyalarla doldururlar, klozetin üstüne halı koyarlar ve kimseyi korkutmayan şeylerden bahsederler, mesela Cirencester'a giden iyi kısa yol ya da nasıl kulübe kurulacağı hakkında konuşurlar. Rahatlatıcı yiyecek mesela, kaymaklı, pişirilmiş ya da kızartılmış şeyleri yerler ve rahatlatıcı televizyon programlarını izlerler.

Fakat yöntemleri gittikçe gelişir ve çaresizleşirse hayat, planlarıyla büyük ölçüde dalga geçer. Evlere zorla girilir, borular patlar, aileler hastalanır ve insanlar her yerde ölmeye başlar.

Kontrol altına alınmış ve "rahat" hayat, korkarım, mutluluğa ya da bilgeliğe giden bir yol değildir. Fakat hiçbiri 2. yöntemle yarım yamalak hayatı kontrol etme girişimi de değildir.

2. hareket yaşamanın boktan bir yoludur. En azından kontrolü elinde bulundurmanın biraz enerjisi ve yönü vardır. Kontrol etmeye çalışıyorsanız ama emin değilseniz, hayatın fırtınalı denizinde boşuna zaman harcamışınız demektir.

Sinirlenmesine sinirlenirsiniz, fakat bunun hakkında bir şey yapma gereğini hissedecek kadar rahatsız olmayabilirsiniz.

Bu da mutsuzluğa giden bir yoldur.

Hayata teslim olduğumuzda, her düzeyde Siktir Et dediğimizde, hayatın dalgaları üzerinde sörf yapıyor oluruz. Peçeteyi kafanızda tutmaya devam ettiğinizde, şunlar meydana gelir:

- Bulunduğunuz durumdan aslında mutlusunuz, çünkü oynanan oyun çok güzel ve siz de buna karşı çıkmıyorsunuzdur.

- Çocuklar sizi bunun için seviyor ve bunu hayatları boyunca hatırlayacaklardır. Yaptıkları şeylere ailelerinden gelen uyarı olmadan, sizin beklediğinizden daha kısa bir zaman içerisinde yapmaktan vazgeçeceklerdir.

Sizi benzetmelere sokup çıkardığım için özelliklede ailevi meselelerde, kusura bakmayın, fakat gerçek hayatta olanlarında bundan farkı yoktur. Hayata teslim olduğunuzda da, aynı şeyler gerçekleşir:

- Hayatınızdan memnunsunuzdur, çünkü hayat oyunu çok güzel, siz de buna karşı çıkmıyorsunuzdur.

- Hayat, siz karşı koymaktan vazgeçtiğinizde sizi daha çok sever ve sizinle uzlaşır.

- Hayat kendi ahenginde doğal olarak alçalıp yükselir.

Berbat bir şeyle karşılaştığınızda, bu şeyin yerine daha sonra hoş bir şey geçer.

Tabii ki, ikinci ifade, sizin en çok merak ettiğiniz ifade olabilir. Bu sezgiye karşı olayıdır. Bize, hayatta bir şeyi elde etmek için çok çalışmamız ve uğraşmamız gerektiği anlatıldı. İstediklerimiz için amaçlar ve planlar belirlemek zorundayız. Bizim için önemli olanları çözümleyip, bunları acımasızca ilk sıraya koyup yetiştirmek zorundayız. Eğer bir şeyler için yeterince çabalamazsak, onları elde edemeyeceğimize inanırız. Fakat muhtemelen, doğru olan bunun tam tersidir.

Bizi bağlayan şeylerin ipini gevşetme, bir şeyleri çok istemekten, çok çalışmaktan ve çok uğraşmaktan ve bizim için önemli olan şeylerden vazgeçme cesaretini kendimizde buluyorsak eğer, büyülü bir şeyler olur:

- Başlangıçta ne istiyorsak onu doğal olarak elde etmeye başlarız, hem de çabalamadan.

Şimdi bu da çok zen ve karışık oldu: İstediğini elde etmek için istemekten vazgeçmelisiniz.

Fakat şuna bir göz atın: Herhangi bir istek ve uğraş şekli gerginlik içerir. İsteklerinizden vazgeçtiğinizde, gerginlik de uçar gider. Gerginliğin yerine gelen rahatlama hayatınıza iyi şeylerin girmesini sağlar.

Çocuk benzetmesine geri dönecek olursak: Çocuğunuzdan çok şey beklemekten, mesela sınıflarının en çalışkanı olmasından, sporda en iyisi olmasından, üniversiteye gitmesinden ve en iyi işe girmesinden, vazgeçerseniz, bu isteklerden de vazgeçer, arkanıza yaslanır ve çocuğunuzun sınırsız özgürlüğü hissetmesini ve özgür olmasını sağlarsınız.

Onların özgürlük anlayışında, dikkatlerini nereye verirlerse orada zirveye çıkmak vardır, tuhaf değil mi? Bu yüzden, siz istemeden, istediğinizi alacaksınız. Her şeyin istediğiniz gibi olmasından vazgeçtiğinizde, Siktir Et dediğinizde, hayat size çok minnettar kalacak ve sizi iyiliklere boğacak.

Eğer dediğim gibi olmazsa, lütfen bize yazın, adres:

Siktir Et Üniversitesi

Localita Girfalco

Via Ca' Loreto, 3

61029 Urbino (PU)

İtalya

Paranızı iade ederiz.

Siktir Et Demenin Aklınız Üzerindeki Etkisi

Güzelliği beklenmedik şeylerde bulursunuz.

Küçük bir çocuğun oyun oynamasını hiç izlediniz mi? Ya da çocukken aklınızdan neler geçiyordu hatırlayabiliyor musunuz? Ben ikisini de yaptım. Küçük çocuklarım olduğu için birincisini sürekli yapıyorum zaten. Çocuk olmanın nasıl olduğunu hatırlayınca rahatladığım için ikincisini de yapıyorum.

Uzanıp, masmavi gökyüzüne bakarken uzaklardan geçen bir uçağın sesini dinlersem eğer, hep çocukluk anılarıma dönerim. Neden mi? Çünkü biz küçükken sıradan şeylerden büyülenirdik ve bu sıradanlıkta büyüdük. Bu yüzden ara sıra etrafımdaki şeylerden zevk aldığımda, en son ne zaman zevk aldığımı hatırlıyorum: Çocukluğumda.

Çocukların yaptıkları şey budur. Varlığın mucizesi içinde yaşarlar.

Her şey yeni ve büyüleyicidir.

Hediye kadar paketinden, güzel bir göl kadar damlatan bir musluktan, pişmiş ekmek kokusu kadar kuru toprağa düşen yağmur kokusundan da zevk alırlar.

Neyin iyi ya da kötü, neyin başka bir şeyden daha iyi, neyin değerliği olduğu hakkında kurallar yoktur. Çok az ayırt etme söz konusudur: Bazı şeyler meydana gelir, bunların birçoğu da büyüleyicidir.

Büyüdükçe fark etmenin, ayırt etmenin ve süzmenin nasıl olduğunu öğreniriz. Sıradan olmayan ve olağandışı şeyler lehine sıradan şeyleri süzmeye başlarız. Aslında çoğu zaman, dünü düşünürken kaybolur, yarını düşünürken kaygılanırız, böylece bir şeyi beğenmeye, takdir etmeye zamanımız kalmaz. Fakat bir şeyi "beğendiğimizde", yetişkinlerin beğeneceği bir şey olur: Lezzetli şeyler güzel şeyler, ilginç şeyler ve pahalı şeyler.

Ayaklarımız altındaki tahtaları hissettiğimiz, yukarıdaki odadan gelen sifon seslerinin olduğu, yüzünüze çarpan rüzgârı hissettiğiniz noktalarda, beğenip takdir etmemiz gereken şeylerin listesi ortadan kayboluverir. Bunun yerine, beğenme kaslarımızı harekete geçirmeye yönelik tatile çıkmak için, tiyatroya gitmek için ya da yemeği dışarıda yemek için çuval dolusu para harcarız.

Herhangi bir şeye Siktir Et dediğimizde, anlamlar parçalanmaya başlar. Önem taşıyan şeyler anlamını yitirdiğinde, dünya birden içini açar. Ayrım ve ayırt etme olmadan, büyüdükçe birer birer her şeyin beğenilme potansiyeli olduğunu öğrendik.

Her şey çok güzeldir.

Eğer bu birdenbire gerçekleşirse, akıllara durgunluk veren bir şey olabilir. İşte görünürde "uyanan" birçok insana olan durum budur. Saçma sapan şeylerdeki güzelliği görmeye başladığınızda, aklınızı kaybetmeye başladığınızı fark edersiniz. En azından akıl, anlamı sadece sınırlı sayıdaki şeylerde görmeyi öğrenir.

Her anın güzellik için sınırsız potansiyeli olduğunu anlayın. Yargılarımızı, koşullanmalarımızı, sınırlarımızı geçmişten alıp geleceğe sürükleriz. An, çok sınırlı bir şeyin içine sıkışır. Bu yargılardan bazılarını geride bırakıp bir şeyleri küçük bir çocuğun gözlerinden görürseniz, güzelliğin tadına varmaya başlarsınız. Bu tat rahatlık hissidir, ama biraz özlemle karışıktır. Bu özlem derinliklerinizden yükselir ve size her şeyi hep böyle görmenin nasıl hissettirdiğini hatırlatır.

Siktir Et dediğimizde, zamanı geri alırız. Anlamın ne olduğunu bilmeyiz ve önemli olduğunu düşündüğünüz şeyleri ezip geçeriz. Bir şeylerin anlamı olmadığı, fakat çok güzel olduğu daha doğal bir duruma geri döneriz.

Endişe zamanla uçup gider.

Önemli olan şeyler sizi hayal kırıklığına uğrattığında, gerilir ve strese girersiniz. Aslında, önemli olan şeylerin sizi hayal kırıklığına uğratma ihtimali bile sizi gerer ve strese sokar. Bizim için önemli olan birçok şeyin olduğunu düşünürsek, gerginlik için çok geniş bir potansiyelin olduğunu görürüz. Gerginlik ve stres zamanla sizi hasta eder. Bu yüzden anlamlardan vazgeçmeyi denemelisiniz.

Bir şeylere Siktir Et dediğinizde, gerginlik ortadan kaybolur. İşe geç kaldınız ve gerildiniz mi? Siktir Et deyin ve hemen stres uçsun gitsin.

Ne kadar çok Siktir Et dediğinizde, birçok şeyin o kadar da önemli olmadığını daha çok anlayacaksınız ve gerginliğiniz zamanla yok olacak.

Tabii ki, bazı şeyler hakkında hâlâ gerilirsiniz, fakat hayat böyledir. Doğru bir bağlamda olan gerginlik yararlı bir karşılık olabilir. Köy yolundan aşağıya doğru arabanızı sürüyorsanız ve tam köşeyi dönerken karşınıza bir fil çıkarsa azıcık gerilmeniz faydalı olacaktır. Size özel güçlerin bütün çeşitlerini veren adrenalin pompalanır ve size eli kulağında fil tehlikesiyle etkili bir şekilde başa çıkmak için yardımcı olur.

Eğer adrenalin yeteri kadar pompalanmazsa ve yazılan tek senaryo fil tarafından ezilmekse, o halde, ezilmeden önce şüphesiz Siktir Et deyin.

Böylece cennete giden yolunuz biraz daha kolaylaşabilir. Tabii ki "Siktir" kelimesini kullanmak bazı inanç sistemlerine göre sizi cehennemlik yaptığı için bu inanç-bağımlı bir şey olabilir.

Görüşleriniz değişip daha az katılaşabilir.

Siyasetçilerin durumuna her zaman üzülmüşümdür. Sonuçta birileri üzülmeli, değil mi? İnandıkları her konuyu mitinglerde güneşin altında anlatıp savunmak zorunda kalıyorlar ki bu çok zor bir durum ve savundukları bu konuya hayatları boyunca sadık kalmak zorundadırlar. Bütün siyasi yaşamları boyunca tabii ki küçük manevralar yapabilirler, ama çok küçük. Yeniden düşünme, "U dönüşü" diye yerden yere vurulur.

Şimdi, diğer arabaları riske atmadıkça ben "U dönüşü" taraftarıyım. Eğer yanlış bir yolda ilerlediğinizi düşünüyorsanız, Amerikan filmlerinde olduğu gibi frene basıp arabayı bağırtarak öteki anayola geçmek daha iyidir.

Siyasetçilerin asla "Bakın, oturup bunu etraflıca düşündüm ve anladım ki tam bir götlük yapmışım. Şimdi öncekinin tam tersini düşünüyorum, kusura bakmayın," dediğini duymazsınız.

Amansız anlam birikimimizle birlikte, her şey üzerine görüş biriktiririz. Bu görüşler de yaşlandıkça daha çok katılaşır. Tabii ki, görüşleri her şekilde ve boyutta olabilir ama sonuçta hâlâ görüştür.

Çok büyük konular hakkında görüşleriniz olabilir: Kimse açlıktan ölmeye göz yummamalı, işkence hoş görülmemeli, nükleer silahlar kullanılmamalı gibi. Küçük konular hakkında da görüşleriniz olabilir: Alt sokakta oturan Sue, onu Mandy ile aldatan Mick'i kapının önüne koymalı, köşedeki yosma mahvolmuş kocasına geri dönmeli, yerel bir kanalda hava durumunu sunan yeni kız o kadar mini etekler giymemeli gibi.

Fakat bunlar hâlâ görüştür. Bütün görüşler de önemi olan şeylerle ilgilidir. Siktir Et demeye başladığınızda ve bir şeyler önemini yitirdiğinde görüş aşkınızı da yitirmeye başlarsınız. Sonunda, eğer hiçbir şey o kadar da önemli olmazsa, o zaman hiç de görüşünüz olmaz. Böylece ne konumunuz ne duruşunuz ne de iddianız olur. Sadece bir şeyler oldukça tepki gösterirsiniz: Tamamen taze taze.

Bir şeylerin önemini yitirme sürecinde görüşleriniz değişebilir ve kesinlikle katılığı azalır.

Siktir Et demeye başlayan insanlar vejetaryenlikten et yiyenlere, etken olmaktan edilgen olmaya, barış yanlısı olmaktan duygusuz olmaya dönüştüler. Bu cümlede ritim yaratmak uğruna dili bozduysam eğer, Siktir Edin.

Bir zamanlar İngilizcenin doğru yazılması gerektiği görüşündeydim. Bir cümle "ve" ya da "fakat" ile başlamamalıydı mesela. Ama bir gün Siktir Et dedim. Ve şimdi her cümleye bu bağlaçlarla başlıyorum, her cümlede kör olasıca siktiri kullanıyorum ve yeni eğlendirici kelimeler uyduruyorum.

Bir zamanlar her şey üzerine hazır bir görüşüm vardı. Bu üzücü bir itiraf oldu, fakat siyasetçilere televizyonda ya da radyoda sorular sorulduğunda ben bu soruları nasıl cevaplarım diye düşünürdüm. O günlerde, tek gerçek görüşümü şimdi hatırlayamıyorum bile.

Kafanızdaki planda koparsınız.

Hayır, sarhoş oldunuz demiyorum, ama olabilirsiniz de. Olmasanız bile, insanlar sizin öyle olduğunuzu düşünebilirler, fakat plandan koptunuz demekle ben şunu kastediyorum: Hayatınız bir filmmiş mesela. Hayatınızın "planını" şuan gayet güzel bir şekilde anlıyorsunuz. (En azından öyle olduğunu düşünürsünüz):

- Ana karakterin, mesela sizin, belirlenen durumlarda nasıl davranacağı hakkında çok iyi bir fikriniz var.
- Daha önce ne olup bittiğini biliyor ve aşağı yukarı anlıyorsunuz.
- Her sahnenin hazırlanışını tanıyor ve anlıyorsunuz.
- Filmin/oyunun geri kalan kısmında ne olması gerektiğini hakkında gayet iyi bir fikriniz var.
- Çok açık bir giriş, gelişme ve sonuç hissiniz var.

Bir şeylere Siktir Et dediğinizde, her şey yumuşamaya ve bulanıklaşmaya başlar. Film birden 1960'ların Fransız filmlerine benzer. Fransızcanız olmadığı için diyalogları anlamazsınız ve oturduğunuz yerden küçücük alt yazıları göremezsiniz.

Daha belirgin bir biçimde, işte şunlar meydana gelir:

- Ana karakterin (mesela sizin) rolüne şekil veren kurallar parçalanırsa, karakterin herhangi bir durumda ne yapacağını görmek gittikçe kolaylaşır.

- Başınıza gelen şeyin anlamı, gittikçe anlaşılırlığını yitirir ve geçmişiniz daha az katı görünür.
- Önceden sadece ne olmak istediğinizi görüyorken, şimdi her sahnenin kuruluşu aniden genişler ve imkânlarla dolar.
- Gittikçe az plan yaparsınız; amaç duygunuzu kaybedebilir ve hayatın sınırsız yönde ilerleyebileceğini görürsünüz.
- Zaman anlayışınız değişir ve gerçekten sadece bir orta olduğunu anlarsınız: Var olmanın şimdiki zamanı.

Siktir Et demenin Vücudunuzdaki Etkisi

Vücut gevşer.

Çok sıkıntılı ve stresli bir düşüncemiz varsa, bu gerginlik vücuda da yansır. Bu yüzden eğer Siktir Et diyerek kafanızdaki gerginliği atarsanız, vücudunuzdaki gerginliği de atmaya başlarsınız.

Şimdi bir şey deneyelim. Bugün sizi strese sokan bir şeyi seçin. Eminim çok düşünmenize gerek yok. Derin bir nefes alın ve bu şeyin sizi nasıl gerdiğini bir düşünün. Daha sonra nefesinizi verin ve Siktir Et diyerek vücudunuzdaki rahatlığı hissedin. Bunu bir daha yapın.

Eğer bu rahatlamayı hayatınızdaki bir şeyden elde edebiliyorsanız, bir de bu tekniği hayatınızdaki bir dizi şeye uyguladığınızı düşünün. Hayatınızda Siktir Et anlayışını benimsediğinizde, bütün vücudunuz gevşemeye, rahatlamaya başlayacak.

İlk başlarda bu gevşemeyi belki fark edemeyebilirsiniz ama eninde sonunda bu gevşeme gerçekleşmeye başlayacak. Aslında, çevrenizdekiler gevşediğinizi sizden önce fark edebilirler. Yüzünüz gevşedikçe insanlar sizin ne kadar genç göründüğünüzü söylerler.

Boynunuz ve omuzlarınız gevşer, böylece başınızın belası olan baş ağrılarınızı, öteki ağrılarınızı ve acılarınızı artık hissetmezsiniz. Kaslarınızın hepsi gevşer ve hafifleşir.

Vücudunuz gevşedikçe, oturup vücudunuzda hissettiğiniz duyguların tadını çıkarırsınız. Bu duygulardan biri de *chi* idir.

Chi'nizin akışı

Ne kadar çok Siktir Et derseniz, o kadar çok rahatlarsınız ve o kadar çok *Chi*'niz akar.

Hatırlayın, *Chi*'nin vücudunuzda akan yaşam gücü olduğunu söylemiştik. Bunu bir karıncalanma, sıcaklık ya da manyetik bir his olarak hissedebilirsiniz.

Eğer nasıl bir şey olduğunu bilmiyorsanız, enerji akordeonunun nasıl çalınacağını öğrenmenin zamanı geldi. Enerjik berenizi giyin, biraz enerji sarımsağı yiyin ve hayali akordeonu elinize alın.

Şimdi, akordeon yavaş yavaş çalınmaktan hoşlanır. Elleriniz ayrı ayrı durarak akordeonu tutuyor. Ellerinizi birbirine değdirmeyin, sadece yavaşça birbirine yaklaştırın. Elleriniz birbirine çok yaklaştığında, ellerinizi yavaşça birbirinden uzaklaştırarak akordeonu tekrar açın ve bu işleme devam edin. Gözlerinizi kapatın ve ellerinizin arasındakinin size ne hissettirdiğine odaklanın.

Buradaki temel amaç rahatlamaktır. Omuzlarınızı ve ellerinizi rahatlatın. Bugün yapamıyorsanız eğer, çok uğraşmayın ve yarına tekrar deneyin. Fakat bugün ya da yarın hissetmeye başladığınız şey *chi* dir.

Chi de sağlığınızın kapısını açan bir anahtardır.

Chi ile çalışmayı seviyorum, çünkü en kolay ilkeye sahip: Ne kadar çok rahatlarsan, o kadar çok hissedersin.

Çok karışık teknikleri öğrenmenin ya da sıfırdan başlayıp bu konuda kendini geliştirmenin gereği yok. Gerçekten. Sadece ne kadar çok rahatlarsanız, o kadar çok hissedeceğinizi bilin yeter.

Bu yüzden, herhangi bir şeye Siktir Et dediğinizde, vücudunuzdaki gerginlikten kurtulduğunuz için vücudunuzda daha çok *chi* akar.

Vücudunuz kendini yeniden dengeler.

Vücuttaki gerginlik, enerji dengesizliğine yol açar. Çin tıbbında, vücutta akan tüm boylamlar farklı enerjik organ sistemleriyle ilişkilidir. Bu alanların birinde fiziksel bir gerginlik yarattığınızda, organ sisteminin üzerinde etkisi olan enerji akışına engel oluşturuyorsunuz.

İş yerinde nasıl olduğunuzu bir düşünün.

Bütün gün bilgisayar başında eğilip, onun bunun hakkında endişeleniyor olabilirsiniz. Eğilmenin omuzlarınızda, boynunuzda ve sırtınızda gerginlik yarattığı yetmiyormuş gibi bir de kafanızdaki düşünceler sizi daha çok strese sokup gerer. Böyle bir durumda saatlerce oturmak zorunda kalabilirsiniz.

Hissettiğiniz bütün gerginlik, vücutta enerjinin hayati akışını engeller ve dengesizleşmeye başlarsınız. Enerjik dengesizlik sizi, duygularınızı, hislerinizi, hatta sağlığınızı etkilemeye başlar.

Ne zaman Siktir Et der, daha önce sizi geren bir şeyi hayatınızdan atarsanız, önceden engellenen enerji vücudunuzda akmaya başlar. Enerji sisteminiz de kendini yeniden dengeler.

Hastalıklar ortadan kaybolur.

Hastalıkların bu enerji dengesizlikleri yüzünden meydana geldiği düşünülürse, yeniden dengeleme bizi hastalıklardan kurtuluşa götürecektir.

Akupunktur yaptırınca da aynı şeyler meydana gelir. Enerji engellerinin meydana geldiği yerlere iğneler yerleştirilir ve enerji tekrar akmaya başlar.

Yeteri kadar rahatlarsanız, tam olarak aynı etkiyi hissedersiniz.

Ne zaman bir şeylere Siktir Et derseniz, vücudunuza güzelce yerleştirilmiş bir iğnenin etkisini alırsınız. Daha fazla enerjinizin (bu kez *chi*'den değil, geleneksel enerjiden bahsediyoruz) olduğunu hissedeceksiniz. Uykuya ve yemeğe daha az ihtiyacınız olabilir, hastalıklar azalır ve iyileşir.

Daha uzun yaşarsınız.

Sonuç olarak bu rahatlamanın etkisi, yaşam sürenizin uzamasıdır. (Korkunç yaşam kısaltıcı kazaların dışında tabii ki.) Hayatınızda büyük yer kaplayan şeylerden birine Siktir Et dediğinizde, dünya üzerinde harcadığınız zamanın miktarını artırabilirsiniz. Ne zaman tamamen rahatlarsanız, yaşlanma sürecini yavaşlatırsınız. Gerçekten derinlemesine rahatlayabilirseniz eğer, yaşlanma sürecini tersine çevirebilirsiniz.

Bu yüzden, hayatın önemi ne kadar azalırsa, süresi o kadar uzar.

5. Bölüm

Siktir Et Şekli

Siktir Et demenin gücü her şeye yeter. (Sonuçta, temel yoldur.) Derinlemesine rahatlamak ve boş vermek bütün sorunları çözer. Basit bir rahatlama hareketi yogadan ya da tai chi'den daha etkili ve güçlüdür. Gerçek şu ki akıllarımız şekli biraz sever: Bağlı olacakları, öğrenecekleri ve bize durumumuzun iyi olduğunu hatırlatacak bir şey. Bu yüzden, Siktir Et Şekline hoş geldiniz. Şekilsiz şekil.

Siktir Et Şekli hayatın duruşlarını örnek alır (mesela kanepede televizyon izlerken birdenbire düşmek gibi), azar azar onlara uyum sağlar, bilinç ve rahatlama ekler (ne yaptığın hakkında farkındalık), size her şekilde kullanabileceğin harika bir şekiller sunar. Her bir duruşun tam faydası burada verilmiştir, yani kafa yoracağınız çok şeyiniz var.

Siktir Et Şeklinin Kökleri

Siktir Et Şekli, bir Chi Kung şeklidir, tıpkı Tai Chi'nin Chi Kung'un bir şekli olduğu gibi. Açıklayayım isterseniz. Chi Kung Çinli bir enerji egzersizidir. Aslında, "enerjiyle egzersiz yapmak" anlamına gelir, bu da enerjinle bilinçli olarak çalıştığın zamanlar demektir.

Siz şuan Chi Kung yapıyorsunuz. Demem o ki, şimdi oraya oturup bu kitabı okuyarak vücudunuzu rahatlatırsanız ve ellerinizde *chi*'nin dolaştığını hissederseniz, o zaman Chi Kung yapıyorsunuz demektir.

İşte benim sevdiğim tarafı budur. Ders almak zorunda değilsiniz, herhangi bir kitabı okumak zorunda değilsiniz, karmakarışık şekiller öğrenmek zorunda değilsiniz, nerede olursanız olun Chi Kung yapabilirsiniz. Yani, eğer isterseniz bütün bunları yapabilirsiniz tabii ki. Ben mesela yıllarca ders aldım, binlerce kitap okudum, birçok karışık şekil öğrendim. Eğer hoşunuza gidecekse yapın. Ama bunları yaparak hiçbir yere daha çabuk ulaşamazsınız. Aslında size Siktir Et Şeklini yapmanın Tai Chi öğrenmeden daha çok enerji vereceğini temin ediyorum.

Evet, Tai Chi, Chi Kung'un bir şeklidir. Belki de en meşhur, özgün hareket şeklidir: Hareketler çok yavaştır ve bütün hareketler vücudun değişik enerji sistemlerine egzersiz yaptırmak için düzenlenmiştir. Buradaki sorun ise Tai Chi gibi bir şekli doğru düzgün öğrenebilmek çok zaman alır.

Temel hareketleri öğrenmek birkaç yılınızı alabilir ve bu da derin enerjik çalışmaları öğrenmeye başlamadan öncedir. Tai Chi'yi ben çok severim ve bununla saatlerce uğraştığım için çok mutluyum, çünkü son günlerde hiçbir şeyin beni rahatsız edebileceğini düşünmüyorum.

Siktir Et Şekli, Chi Kung'un nimetlerinden çaba göstermeden yararlanmak isteyenler içindir. Bu arada çaba göstermeden en yüksek sonuçları almak çok Taoist bir yoldur.

Bu yüzden, işte size, en az çaba gerektiren bir Şekil: Şekle Siktir Et diyen Şekil. Tıpkı Tai Chi gibi eğer bütün şekli uygularsanız, bütün enerji sisteminizi köküne kadar temizlersiniz.

Bir ay boyunca bu şekli her gün yaparsanız, çok derin faydalarını göreceksiniz: Her zaman kendinizi fark edilir bir şekilde daha rahat hissedecek, daha iyi uyuyacak, iştahınız dengelenecek ve hastalıklarınıza çare bulacaksınız.

Siktir Et doğasının herhangi bir özelliği gibi bunu da çok ciddiye almayın ve bu beklenen yararlara kendinizi çok bağlamayın. Sadece yapın, çünkü siz vücudunuzdaki enerji duygusunu seviyorsunuz ve çünkü siz dünyanın yeni enerjik şeklini deneyen ilkler olacaksınız.

Egzersiz

Siktir Et Şeklinin altında yatan fikir, sizin bunu sıradan günlük aktivite gibi yapabiliyor olmanızdır. Her pozisyon sizin çoktan yaptığınız bir şeye dayanır. Bu yüzden yapmanız gereken şeyler, pozisyonunuza uyum sağlamanız, (mesela ayaklarınızı paralel yapmanız ya da dizlerinizi hafifçe bükmeniz gibi), bilinçli bir şekilde nefes almanız ve *chi*'nizden haberdar olmanızdır. Böylece, Siktir Et Şeklini yapıyor olursunuz.

Chi'nizi geliştirmek istiyorsanız, her gün egzersiz yapmanız çok önemlidir. Gün içerisinde azıcık da olsa egzersiz yapamıyorsanız sizi gidi tembeller, o zaman Siktir Edin ve yarın yapın.

Nefes alma

Nefes alma bütün duruşlar ve hareketler için çok önemlidir. Aksi takdirde ölebilirsiniz. Ölmek istemeyiz, değil mi? Bu Şekilde karın nefes alışı üzerinde oynamaya başlamalıyız. Nedir karın nefes alışı? Evet, karnınıza doğru nefes almak demek, moruklar.

Bir bebeğin nefes alışına bakarsanız, nefes alırken karnının şiştiğini, nefes verirken de indiğini görürsünüz. Nefes alıp vermenin doğal yolu budur.

O ya da bu sebepten dolayı çocukluğumuzun bazı dönemlerinde belki de bir şeyden çok korktuğumuzda, göğüslerimize doğru nefes almaya başlarız. Bu yüzden birçok yetişkinin nefes alış verişini gözlemlerseniz eğer, nefes alırken göğüslerinin kalktığını, verirken de indiğini görürsünüz. Karın bölgelerinde pek bir değişiklik olmaz. Bu şekilde nefes alıp vermek acil durumlarda iyi olabilir, ama normal hayatta o kadar da iyi olmayabilir. Bu sığ bir nefestir ve sığ nefes demek sığ bir yaşam demektir.

Eğer daha derin yaşamak istiyorsanız, daha derin nefes almalısınız. Yani nefesinizi karnınıza doğru çekmelisiniz. Haydi, deneyin. Nefes aldıkça, karın kaslarınızı dışarıya itin. Karnınızda bir balon olduğunu, sizin de bu balonu nefesinizle şişirmek zorunda olduğunuzu düşünün. Daha sonra bu balonu her nefes verişte söndürün.

Bu şekilde nefes alıp vermeyi öğrenmek hayatınızı değiştirebilir. Göğüs (sığ) nefesçisinden, karın (derin) nefesçisine geçmek fizyolojik olarak sizde çok büyük etkiler yaratabilir. Ciğerlerinizi daha etkin bir şekilde doldurursunuz. (Göğüsten nefes alıp vermeyle ciğerlerinizin üçte ikisini anca doldurabilirsiniz.) Böylece vücudunuzun temel yakıtı olan oksijeni daha çok alırsınız.

Diyaframınızın yeni hareketi (Nefes alışta yukarı kalkmak yerine derin bir şekilde aşağıya iniyor) iç organlarınızın hepsine harika bir masaj yapar. Masaj yapılmış organlar, ılık bir duş gibi hoşa giden kanla dolarlar. Bütün bağırsak sistemine de çok iyi bir masaj yapılır, böylece vücudun ne istediğini verir, ihtiyacı olmayanları dışarıya gönderir.

Karın-nefesleriyle alakalı harika olan bir diğer şey ise iyi bir karından-nefes alışıyla karnınızın Buda (Onun da kocaman bir karnı vardır) boyutunda üflemesi ve boşluktan kurtulmasıdır. İçinizdeki boşluğu, bu nefes alıp vermenin getirdiği kabul etmenin, sağlığın ve rahatlamanın tadına vararak doldurabilirsiniz.

Karnınızın içinde bir şeylerin daha rahat gezinebilmesi için sabit delikleri olan kemerlerden kurtularak daha elastiklerini kullanabilirsiniz.

Chi nasıl gelişir?

Chi ile bilinçli bir şekilde ne kadar çok çalışırsanız, *chi* o kadar vücudunuzu geliştirir. *Chi* ile her gün yapılan bilinçli egzersizin bir kumbaraya atılan bozuk para olduğunu düşünün. Zamanla birikecektir. Bu kumbara bir yatırım müdürü tarafından yönetilebilir ve yatırımınızın getirisini %200 artırabilir.

Bütün kârınızı yeniden yatırdığınızı ve hisselerinizin size ekstra kazanç sağladığını düşünürsek, durumunuzun gayet iyi olduğunu söyleyebiliriz. Birkaç yıl sonra ne kadar zenginleşeceğinizi bir düşünün. İşte *chi* böyle işler.

Çinliler şöyle der:

"Önce akıl, sonra *chi,* daha sonra kandır." (Bunu sadece Çince söylerler, öteki türlüsü garip olurdu zaten.) Az ve öz ama doğru. Vücudunuzun bir parçasını düşündüğünüzde, mesela avucunuzu, o zaman *chi* oraya doğru akar. *Chi* akmaya başladığında, kanda onu takip eder.

İşte bu yüzden *chi* egzersizinin (Chi Kung) sizin üzerinizde büyük bir gücü vardır: Enerji sisteminin dengelenmesi ve kan akışının fiziksel yararlarından faydalanırsınız.

Yaslanarak Oturma Duruşları

Kaz yumurtası tutma

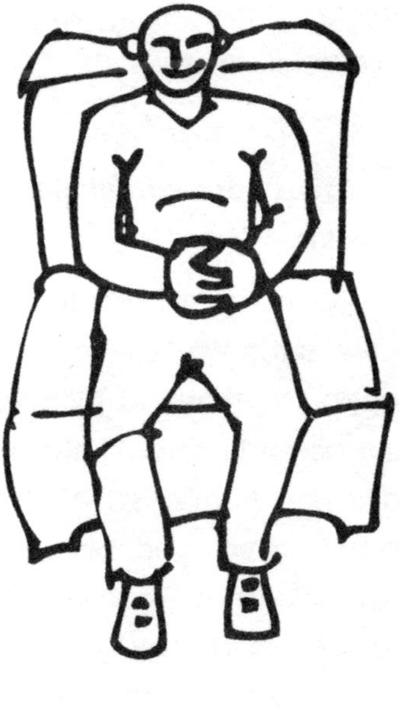

Bu temel koltuk duruşunu yapmak için, televizyon seyredermiş gibi koltuğa oturun. İsterseniz açın televizyonu. Ayak tabanlarını yere dümdüz koyun ve ayaklarınızı omuz genişliğinde açın. (Yani ayaklarınızın dış tarafı omuzlarınızın birbirine olan uzaklığıyla aynı uzaklıkta olmalıdır.) Omurganızı rahatlatın, yukarıya değil karşıya doğru bakın. Çenenizi rahatlatın, dilinizin ucunu üst damağınıza, üst ön dişlerinizin arkasına koyun.

Şimdi ellerinizi, birbirinin üstüne gelecek şekilde karnınızın üstüne koyun. Eğer erkekseniz, önce sol elinizi sonra sağ elinizi rahatça birbirinin üstüne koyun. Eğer kadınsanız, ilk önce sağ elinizi koyun. Alttaki eli öyle bir konumlandırın ki başparmağınız göbek deliğinize denk gelsin.

Şimdi bu konumda yavaş yavaş nefes alıp verin. *Chi*'nin dolaştığını hissedin.

Bu Duruşun Faydaları

Bu duruşta, *chi*'yi vücuttaki temel enerji deposu olan *dan tien*'e gönderebilirsiniz. Bu da vücut için tonik sağlar. Bu duruş öteki Siktir Et Şekli egzersizlerinin dayalı olduğu temel egzersizdir. Eğer sadece bir egzersiz yapacaksanız, bunu yapın. Bu egzersiz böbrekleri besler, böylece gerginliği azaltıp sizi sakinleştirir.

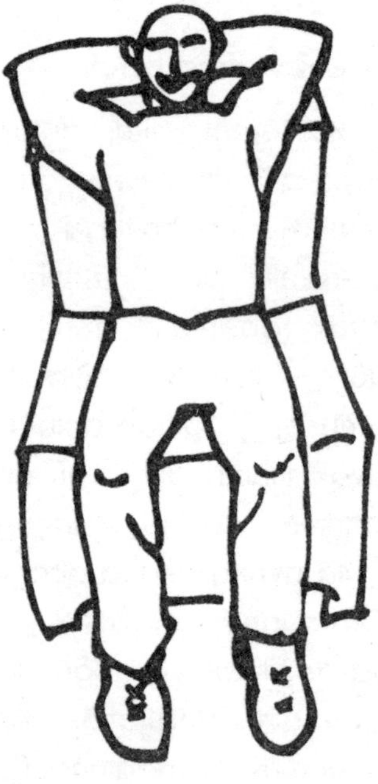

Tavus kuşu kanatlarını havalandırır.

Daha önceki gibi temel koltuk duruşuna geçin. Ellerinizi başınızın arkasında birleştirin ve başparmaklarınızı kafatasınızın altındaki kemikli sırt olan kafanızın arkasına yerleştirin. Buraya parmaklarınızla masaj yapın. Bu şekilde yavaş yavaş nefes alın. *Chi*'nin dolaştığını hissedin.

Bu Duruşun Faydaları

Kolların böyle uzatılması, kalp meridyenlerini güçlendirir, böylece ilk andan itibaren kendinizi daha mutlu hissedersiniz.

Omuzlarınızı arkaya doğru itmek ciğerlerinizi açar. Daha derin nefes almayı ve durgun *chi*'nin salınımını sağlar. Başınızın arka tarafına yaptığınız masaj akupunktur noktası olan *Fengchi*'yi harekete geçirir, böylece stres belirtileri büyük oranda azalır, göz sorunları ve baş ağrıları azalır.

Kutsal yayı tutmak

Önceki gibi temel koltuk duruşuna geçin. Sol ayağınızı sağ ayağınızın üstüne atın, böylece sol ayak bileğiniz, sağ bacağınızın uyluk kemiğine hafifçe yaslanır. Şimdi sağ elinizle sol ayağınızın bileğini kavrayın. Sol elinizi avuç içi yukarıya bakacak şekilde yanınızdaki yastığa koyun. Bu şekilde yavaş yavaş nefes alın. *Chi*'nin dolaştığını hissedin.

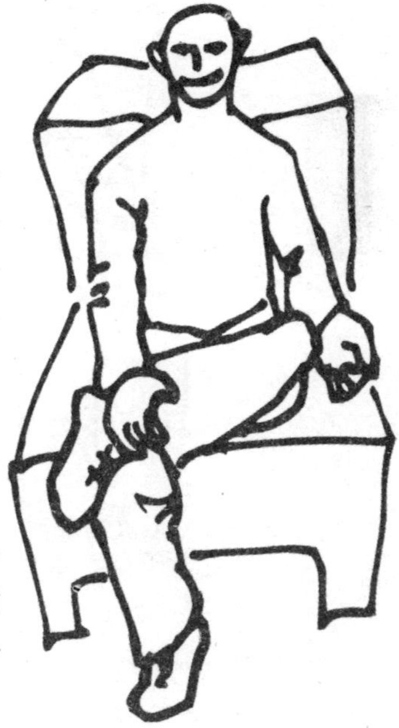

Bu Duruşun Faydaları

Bu hafif esneme bacaklardaki durgun enerjiyi hareket geçirir, böylece yorgun bacaklar için çok iyi bir tonik olur.

Safra kesesi meridyeni ve bacakların yin kanalları esner, bu da sizin yaratıcılığınızı ve anlaşılırlığınızı etkiler. Eğer herhangi bir konuda anlaşılır olmak istiyorsanız ya da bir şey hakkında fikir edinmek istiyorsanız, bu duruşu alın. Ayak bileğinizi kasıklarınıza doğru daha çok çekmeniz bu duruşun yararlarını artırır.

Ejderha ateşinin maktulü

Önceki gibi temel koltuk duruşuna geçin. Şimdi avuç içleri yukarıya bakacak şekilde kollarınızı her iki tarafınıza koyun. Bir ejderha tarafından öldürüldüğünüzü düşünün, şimdi cansız bir şekilde duruyorsunuz.

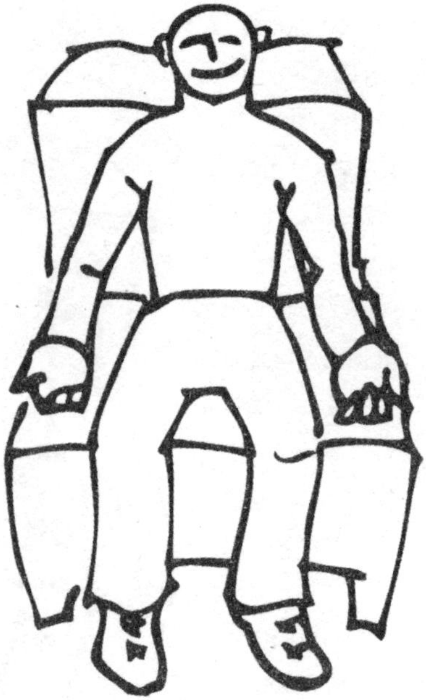

Cansız bedeninizin ağırlığını koltukta hissedin. Bu duruş, ölüm nasıl ki hayatın ardı ardına getirdiklerinin sonuysa, öyle bir son. Ejderhanın hâlâ orada olduğunu ve size ateş püskürttüğünü düşünün. Ateşin tam size hedeflendiğini düşünün. İlk önce ejderha kalbinize doğru ateş püskürtüyor. Sıcaklığı ve kalbinize giren gücü hissedin.

Ejderha ateşi karın boşluğunuza doğru çeviriyor. Bu nazik noktaya giren sıcaklığı ve gücü hissedin. En sonunda, ejderha ateşi bütün varlığınızın temel enerji merkezi olan karnınıza yani *dan tien*'ize doğru püskürtüyor.

Bu Duruşun Faydaları

Bu ilk duruş *chi*'in vücudunuzda akmasını sağlar, böylece kendinizi daha rahat hissedersiniz. Hayattan korkmayan, hayatı kucaklayan, korkularını yenen, daha sakin biri olursunuz. Ejderhanın ateşi çok güçlü bir iyileştirme tekniğidir. Enerji vücudunuza girer ve gerekli olan yere gider. Böylece kalbiniz mutlulukla dolar, karın boşluğunuz açılır, karnınız yani *dan tien*'iniz merkezlenir ve enerjiyle dolar. Daha sonra enerji, vücudunuzdaki enerji dengesizliği olan yere doğru yol alır.

Çin Tıbbında bu üç alan, vücudunuzda dengeli bir enerji akımı oluşturmak için temizlemeniz gereken Üçlü Yakıcıyla alakalıdır. Egzersizi yaptıkça, enerjinin vücudunuzda sarmal olarak hareket ettiğini hissetmeye başlayabilirsiniz.

Dik Oturma Duruşları

Altın eller

Temel oturma duruşunu alın: Sırtınızın dik duracağı bir sandalyeye oturun ve ayaklarınızı yere dümdüz koyun.

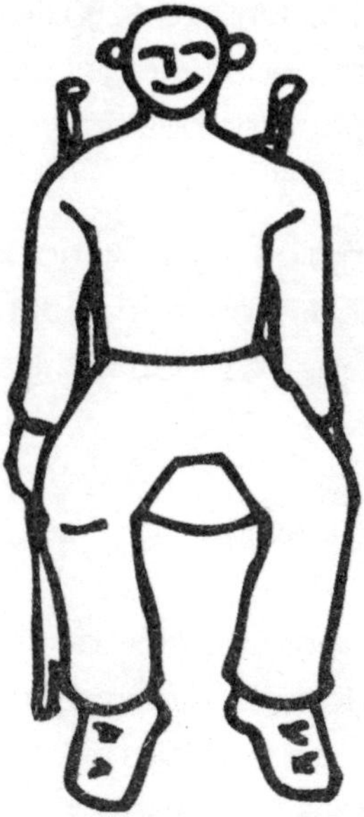

Ayaklarınız birbirinden birkaç santimetre ayrı ve birbirine paralel olsun, böylece dışa ya da içe dönük olmazlar. Kalça kemiklerinizin üzerinde sandalyenin arkasından destek almadan rahatça oturduğunuzu hissedin. Altın bir ipin başınıza bağlandığını, başınızı yukarı çektiğini, omurganızı doğrulttuğunu düşünün.

Altın ipi çekmenin çenenizin düşmesinde de etkisi olacaktır.

Vücudunuzda iş başında olan iki tane yön gücü olduğunu unutmayın. Bir tane askı düşünün. Askıda ipek bir elbise asılı. İşte sizin iskeletiniz bu askıdır. Askı, bir kanca ile nasıl asılıyorsa (yukarı güç), siz de altın iple asılıyorsunuz (yukarı güç). Vücudunuzdaki her şey bu ipek elbise gibi bir askıdan aşağıya doğru sarkar (aşağı güç). Böylece bütün kaslarınız, deriniz, organlarınız, her şeyiniz yere doğru iner (aşağı güç). Gerçekten de kendinizi yere doğru bırakma duygusunu hissedin. Son olarak, dilinizin ucunu üst damağınıza, ön üst dişlerinizin hemen arkasına koyun.

İşte oturma duruşu budur. Şimdi ellerinizle değişik birçok şey yapabilirsiniz.

Altın Eller için kollarınız bırakın yanlarınızda sallansın. Böylece omuzlarınızdan aşağı kaslarınızın hiçbir müdahalesi olmaz. Bu şekilde yavaş yavaş nefes alın. *Chi*'nin dolaştığını hissedin. Bu oluşturulan *chi* altınıdır, bu yüzden Altın Eller diyoruz.

Bu Duruşun Faydaları

Böyle bir şekilde omurgayı uzatmak, bizim dikkatli ve enerji dolu olmamızı sağlayan *du* kanalının yönetimini başlatır. *Chi*'nin yükselmesi zihni sakinleştirirken bütün vücudu canlandırır.

Ellerinizde güçlü bir şekilde *chi*'nin toplandığını hissedersiniz, bu da dolaşımınızı artırır.

Öteki duruşa geçmeden önce, böbreklerinizin üstündeki *chi* dolu ellerinizi ovarsanız bu duruşun böbreklerinize olan faydasını daha çok artırabilirsiniz.

Sırtını kaşıyan maymun

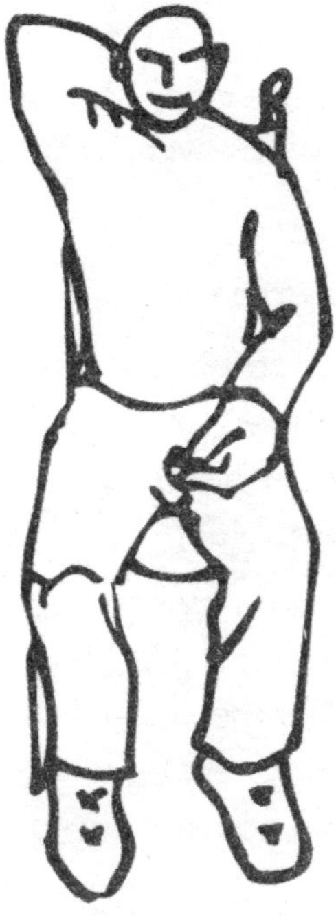

Önceki gibi oturma duruşuna geçin. Sol eliniz kucağınızda dinlenirken, sağ elinizi sanki sırtınızı kaşıyormuş gibi sağ omzunuzun üzerinden atın. Parmaklarınızla sırtınızı ovmaya başlayabilirsiniz. Omurganın her iki tarafını da ovmaya çalışın. Belki başparmağınızla bir tarafını, işaret parmağınızla diğer tarafını ovabilirsiniz.

Bu pozisyonda rahatlayın ve nefes alın. Omurgayı ovmaya devam edebilir ya da elinizi arkada dinlendirebilirsiniz. *Chi*'nin aktığını hissettiğinizde ve hazır olduğunuzda, aynı şeyi sol elinizle de yapın.

Bu Duruşun Faydaları

Bu pozisyon kalp meridyenini esnetir, zihninizi dinlendirir ve mesane meridyenine masaj yapmanızı sağlar. En sonunda da önemli böbrek enerji sistemini destekler ve sırtınızı düzleştirmeye yardımcı olur. Küçük bir ovmaya göre hiç de fena değil.

Kaplan pençesi

Önceki gibi oturma duruşuna geçin. Avuç içleri yukarıya bakacak şekilde ellerinizi kucağınıza koyun. Ellerinizi tamamen rahatlatın ve onları orada öylece bırakın. Bu duruşta yavaş yavaş nefes alın. Avuç içlerinize doğru *chi*'nin aktığını, onları bir kaplanın yumuşak pençesi gibi yumuşak, narin ve gıdıklanmış hale getirdiğini hissetmeye başlayın.

Bu Duruşun Faydaları

Bu duruşta uzunca bir süre oturabilirsiniz. Harika bir meditasyon pozisyonudur. Zihniniz sakinleşir ve stresli düşünceler yok olup gider.

Nefese odaklanma ciğerleri güçlendirir ve vücuttaki *chi*'yi destekler. Avuç içine odaklanma, önemli *Laogong* noktasını harekete geçirir. Avuç içlerinizle bile nefes almayı denersiniz: *Chi*'nin, *chi* kapılarından nefesle içe çekilmesi ve durgun *chi*'nin nefesle dışarı verilmesi. Ya da daha basitçe: Orada sessizce oturun ve ellerinizin ısındığını göreceksiniz.

Ayakta durma duruşları

Dinlenen savaşçı

Bütün bu ayakta durma duruşları bir şeyi beklerken çok işe yarar. Otobüs, tren, metro ya da eşinizin bardan dönmesini beklemek gibi durumlar ayakta durduğunuz harika zamanlardır.

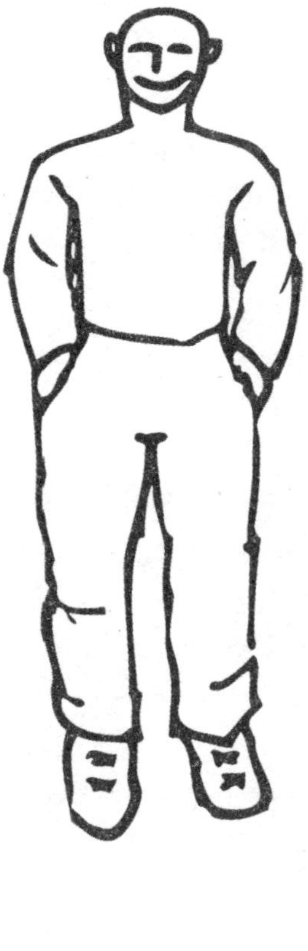

Bu yüzden, ilk önce temel ayakta duruşa geçin: Ayaklarınızı omuz genişliğinde açın, yani ayaklarınızın dış kısımlarının birbirinden omuzlarınız arasındaki mesafe kadar uzak olsun. Ayaklarınız birbirine paralel olsun, ne içeriye ne de dışarıya dönük olsun.

Bu konuda daha kesin olmak istiyorsanız, ayağınızın altından topuğunuzun ortasından ayak parmaklarınızın ortasına kadar bir çizgi çizerseniz, bunlar paralel olmak istediğiniz çizgiler olur.

Dizleriniz çok az eğik olmalıdır. Dizlerinizi ne kadar çok eğerseniz, o kadar çok *chi* üretirsiniz fakat bu şekilde ayakta durmak giderek zorlaşır. Bu yüzden, ilk başta dizlerinizi çok az eğin. Daha sonra "kuyruğunuzu kıstırın". Yani ilk önce poponuzu dışarıya çıkarıp daha sonra tam tersini yapın ve poponuzu içe çekin.

İşte bu kuyruk kıstırmaktır. Başta tuhaf gelebilir ama bütün bir duruş gibi daha sonra alışırsınız. Böyle ayakta durmanın etkisi bar taburesine ilişmek gibidir. Bu şekilde ayakta durmanızın fiziksel etkisi omurganızın güçlenmesi ve karından nefes almaya başlamanızdır.

Başınızın altın iple yukarı çekildiğini düşündüğünüz yere geldik şimdi. Bu da sizin rahatlamanıza ve çenenizin biraz düşmesine yardımcı olacak. Son olarak, dilinizin ucunu üst damağınıza, ön üst dişlerinizin hemen arkasına koyun.

Bütün bunları ayakta dururken yapmak oldukça karışık ve tuhaf gelse de, çok çabuk alışacaksınız ve her hareketin kendi içinde çok önemli bir nedeni vardır. (İşleri daha da karmaşıklaştırmamak için şimdi bu nedenlere girmeyeceğim.) Sadece bu konuda bana güvenin.

Bu şekilde ayakta dururken dinlenen bir savaşçı gibisiniz. Tek yapmanız gereken ellerinizi ceplerinize koymak. Eğer cebiniz yoksa varmış farz edin ve ellerinizi yanlarda tutun.

Bu duruşta öylece durun. Yavaş yavaş ve derin derin nefes alın. Bu duruş biraz sizi tuhaf hissettirdiğini düşünürsek, rahatsız olan parçalarınıza dikkat edin ve onları rahatlatın. Böyle bir duruşta durmanın amacı en başta başladığınız işe ve rahatlamaya devam etmektir. Umarım beklediğiniz metro, otobüs ya da eşiniz birkaç dakika daha geç gelir, çünkü bu şekilde ayakta durmak tekrar tekrar gerginliği başınızdan attığınız için sizi rahatlamaya götürür.

Bu Duruşun Faydaları

Öteki ayakta durma duruşları gibi bu duruş, enerji sisteminize büyük bir tonik sağlar, bu yüzden Chi Kung egzersizlerinin kalbinde yer alırlar. Kısa bir egzersiz zamanından sonra, bütün gün sürecek, en azından metro/otobüs yolculuğu ya da eşinizle geçirdiğiniz zaman kadar sürecek bir rahatlığa ve huzura kavuşursunuz.

Dünya cennetini ısıtmak

Önceki gibi ayakta durma duruşuna geçin. Ellerinizi ceketinizin cebine koyun.

Ceket giymiyorsanız ya da ceketinizin cebi yoksa varmış farz edin ve ellerinizi karnınızın üstüne, göbek deliğinin her iki yanına yerleştirin.

Şimdi karnınıza doğru nefes alın ve *chi*'nin karnınızda toplanmaya başladığını hissedin. Bu duyguyu genellikle ellerinizin altındaki karnınızda artan sıcaklık hissi olarak hissedersiniz. Dünya cenneti *dan tien* yani enerji sisteminizin merkezidir. Bu duruşla da siz bu merkezi ısıtıyorsunuz.

Bu benim en çok beğendiğim duruşlar arasındadır. Her zaman cepli kazaklar alırım ki bu duruşu ne zaman istersem yapabileyim.

Bu Duruşun Faydaları

Zihniniz rahatlar ve stresli düşüncelerden kurtulursunuz. *Dan tien*'inizdeki *chi*'yi güçlendirirsiniz. (*Dan tien*'in enerji sisteminizin makine dairesi olduğunu unutmayın.) Ayrıca vücuttaki kan durgunluğunu temizler, özellikle kadınlarda üreme ve adet işlevlerine çok faydası vardır. Eğer erkekler, bu sizi kızdırdıysa (siz de kendinizi düşünüyorsunuz doğal olarak), bu egzersizin karaciğerdeki *chi*'yi harekete geçirdiğini, böylelikle sakinleşeceğinizi unutmayın.

Bir sürü hediye almak

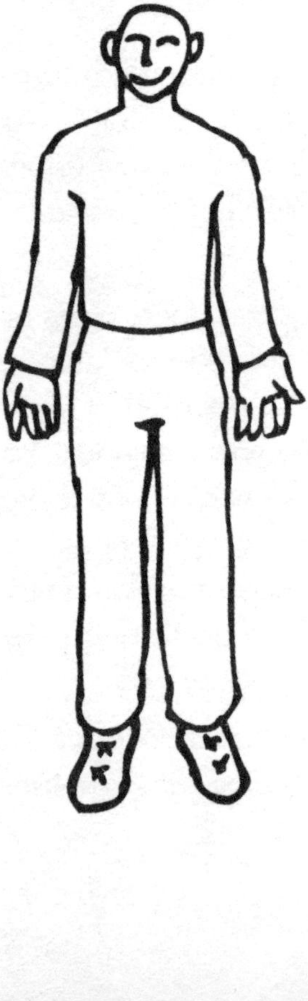

Önceki gibi ayakta durma duruşuna geçin. Kollarınızı her iki yanınıza sarkıtın. Avuç içleriniz öne doğru baksın. Kollarınızı ve ellerinizi rahatlatın. Nefes aldıkça *chi*'nin ellerinize doğru harekete geçtiğini hissedeceksiniz. Bu duruş sizi dünyanın ve cennetin enerjisine ulaştırır. Size sunulan şu hediyeleri alın: Rahatlama, ilham, iyileşme.

Bu Duruşun Faydaları

Bu, bütün duruşların en ilginci olabilir. Her seferinde farklı hissedebilirsiniz. Farklı duyguları hissedebilir ve zihnin farklı durumlarını tecrübe edebilirsiniz. Duruşların en açık olanı budur, bu yüzden o zamanda neye ihtiyacın varsa ona kendinizi açabilirsiniz. Sadece kendinizi açın ve birçok hediyenin gelmesini bekleyin.

Baykuş

Önceki gibi ayakta durma duruşuna geçin. Ellerinizi belinizin arkasında tutuşturun: Bir elinizle diğerini tutup başparmaklarınızı birbirine kenetleyin. Bu şekilde yürüyen halinden memnun yaşlı insanları şüphesiz görebilirsiniz ve bu da hakikaten uzun yaşamın sırlarından biridir. Böyle ayakta durarak güzel görüntülere ya da bu duruşta duran kötü insanlara bakmaya bayılırım.

Ne zaman bu duruşta gezintiye çıksam, kendimi çok huzurlu ve rahat hissediyorum.

Bu Duruşun Faydaları

Kollarınız böbreklerinizi kucaklar ve bu böbrek enerji sistemi için çok destekleyici olur. Böbreklerin vücudun çok önemli organları olduğunu unutmayın, yani onları desteklemek iyi bir fikirdir. Kollardaki gerinme yang meridyenlerini destekler böylece vücudun ısınmasına yardımcı olur.

Bu duruşla ilgili olan tek şey sakinleşmek ve rahatlamaktır.

Hareketli Duruşlar

Beyaz dağlara tırmanmak

Batıda dişlerinizi fırçalamak olarak bilinir. Dişlerinizi düşünerek temizlemek gerçekten çok güzel bir egzersizdir, çünkü günde iki kere yaptığımız bu eylemi düşünmeden kalkar yaparız.

Bu yüzden, diş fırçalama düşünerek ve bilinçli yapılarak güzel bir egzersiz olabilir. Bunu herhangi bir Siktir Et duruşu gibi düşünün: Dizleriniz eğik olsun, tamamen rahatlayın ve nefesinize odaklanın. Daha sonra dişlerinizi temizlemenin nasıl hissettirdiğine bir bakın. Diş macununun tadını, damaklarınızdaki diş fırçası darbelerini, diş fırçalama esnasında dilinizin nasıl yukarda kaldığını fark edin.

Bu Duruşun Faydaları

Dişlerinizi daha dikkatle ve adamakıllı temizlediğinizde, diş temizliğinizin seviyesi birden yükselecek. Naneli bir diş macunu alın ve bu *chi*'yi harekete geçirdikçe yararlandığınız faydaları artırın. Mide meridyeni de harekete geçer. Yani, dişlerinize bakmanız demek midenize bakmanız demektir. Dişlerinize özen gösterdiğinizde, stresin ve yorgunluğun birinci kurbanı olan böbrek sistemini de canlandırırsınız.

Sığ bir gölde dalmak

Batıda bulaşıkları yıkamak olarak bilinir. Beyaz dağlara tırmanmak gibi sığ bir gölde dalmak da bilinçli yapılan güzel bir egzersizdir. Dişlerinizi temizlemek çabuk ve düşünmeden yapılan bir eylem olsa da bulaşıkları yıkamak daha uzun ve acılı bir eylemdir. Bu eylemi mümkün olduğunca kısa sürede yapmak, yaparken de dikkatimizi radyoyla ya da başka bir şeyle dağıtmak isteriz. Bu iğrenç kısmın daha zekice olmasını dört gözle bekleriz, bu yüzden bu konuda "dikkatli" olmak iyidir.

Dikkatli olmak ne yaptığının farkında olmaktır. Ne yaptığınıza odaklanmaktan kaçmaya çalışmaktan çok, kasıtlı olarak ilginizi yaptığınız şeye odaklamaktır. Dikkatinizi şimdiki zamana (normalde geçmiş ya da gelecekte olduğu zaman) ve şimdiki eyleme ve yere (normalde başka bir yerde dolanıyor olduğu zaman) çekersiniz.

Köpüklü ve lastik eldivenli bulaşık yıkama dünyasına farkındalık ve meditasyon egzersizi olarak giren ilk ben değilim. Budistler tarih öncesinden beri odunları kırıyor, su taşıyor ve Ikea bardaklarını yıkıyorlardır.

Bu yüzden, Siktir Et Meditasyon Şekillerinden hem rahatlamak hem de yıkamak için kendi deneyiminizi kullanın. Kollarınızı ve bacaklarınızı rahatlatın.

Daha sonra bardakları yıkamamanın nasıl bir şey olduğuna dikkat edin: Sıcak suyun nasıl hissettirdiğini, bardakların birbirine değme seslerini, köpüklere yansıyan ışığın güzelliğini. Birkaç kere yıkadıktan sonra kendinizi tutmak zor olabilir. Her fırsatta bulaşıkları yıkamak isteyeceksiniz. Bu da size eşinizle, ailenizle ve arkadaşlarınızla olan ilişkilerde çok şey kazandıracak. Fakat ellerinizin birazcık sertleşmesine sebep olabilir, bu yüzden iyi bir nemlendirici krem kullanmayı unutmayın.

Bu Duruşun Faydaları

Bu egzersizde öğrendiğiniz farkındalık bütün hayatınız boyunca içinize işleyecek: Algılama ve akıl durumunuzda çok büyük hayati değişiklikler olabilir.

Ilık suya ellerinizi koymak kolunuzdaki önemli meridyenlerde, parmaklarınıza doğru akan *chi* akışı yaratır. Bu meridyenler kalp (daha mutlu hissedersiniz), kalp zarı (daha açık hissedeceksiniz) ve akciğer (daha özgür hissedeceksiniz) meridyenleridir.

Vay canına, bulaşıkları yıkamak için can atacaksınız.

Keyif Sigarası

Harikaydı.

Evet, çok teşekkür ederim. Sizinle paylaştığımız bu samimi deneyim neredeyse bitmek üzere. Ben çok eğlendim. Harikaydı. Yayıncım öyle düşünmese de hemen hemen her şeyi paylaştık. Gerçek şu ki sevdiğimiz işleri yaptığımızda, sadece kendimizi değil çevremizdekileri de mutlu edebiliriz.

En sonunda, hepimiz ne hoşumuza gidiyorsa, onu yapmak istiyoruz. Bu şekilde yaşayan insanlar bize ilham verir ya da eğer özellikle çok gerginsek bizi sinirlendirir. İşte bu Siktir Et'in özüdür. Düzenlemelere, kurallara, beklentilere ve zorunluluklara tükürmek. Siktir Et Deyip kendi yoluna gitmek.

Bu yüzden lütfen, bu kitabı (birazdan) kapatın ve kendi yolunuza gidin.

Siktir Et Neden Temel Ruhani Yoldur? (Dikkat etmemişseniz ve herhangi bir ortamda bunun hakkında bir şeyler söylemek isterseniz diye söylüyorum.)

Hayat ruhaniyetin ta kendisidir. Hayat sadece kendi yolunda akıp gider. Hayat kimseyi ne eleştirir ne de yargılar.

Hayat olana karşı çıkmaz. Çünkü hayat olduğu gibidir.

Hayat saf yumuşaklık ve rahatlıktır. Hayata direnmek sertlik ve gerginliktir.

Siktir Et her şekilde gerginlikten rahatlamaya giden bir yoldur.

Siktir Et, en derin şeyi söylemenin en küfürlü yoludur: Rahatladığımızda ve hayatın akışına kendimizi bıraktığımızda, esas özgürlüğün tadına varırız.

İşte bu yüzden, Siktir Et, Temel Ruhani Yoldur.

(Tamam, herhangi bir ortamda bu sözü söylemek zor olabilir ama biraz kıvırıp "Ne yapalım, Hayat bu, arkadaş," deyip "Seni seviyorum, arkadaşım, gerçekten," diye ekleyebilir ve hedefi tam on ikiden vurabilirsiniz.)

Görüşmek Üzere (İsterseniz tabii)

Evet, sizinle paylaştıklarımdan çok mutlu oldum ve sizi yine görmek isterim. Siz de istemez misiniz? Tekrar görüşelim olur mu?

Ben geçen seferki gibi bir kitapçıda görüşmeyi düşündüm (Lütfen, önermek istediğiniz başka bir şey varsa söyleyin). Eminim, paylaşacak farklı birçok şeyimiz olacak.

Böylece, gelecek sefere kadar, size iyi geceler diliyorum ve Tanrı/Buda/Lao Tsu/Lakshmi gönlünüze göre versin.